世界平和統一家庭連合・
旧統一協会は
何を教えているのか

─統一原理による支配─

パスカル・ズィヴィー[著]

いのちのことば社

推薦のことば

郷路 征記

　統一協会員が信者としておこなう行動の動機は教義＝統一原理＝である。統一原理がわからなければ，信者の行動を理解することはできない。したがって，それを分析・理解する必要がある。そして，国民が宗教団体の教義を分析・批判することは言論の自由として許されている。

　今，多くの国民が統一原理について理解することが求められている。統一協会に関して，借金させてまでの根こそぎ献金，二世問題，政治家との癒着，という重大な問題がなぜ発生しているのかという疑問を解明するために，統一原理の理解が必須だからである。それらのことは，統一協会が統一原理をこの世に実現して地上天国を創るために信者におこなわせていることの結果なのである。だから，統一原理が変わらないかぎり，上記の現象は繰り返され得るのである。

　統一原理を正しく分析・批判する本を著すことができる人は，元信者から，信じさせられた統一原理の内容，信じさせられるにあたってのその役割をよく聞き取り，それらの聞き取りを統一原理についての文献などによって分析することのできる人である。著者のパスカルは，そのために最適な人である。元信者からの聞き取りの点でパスカルが優れているのはもちろんだが，統一原理に関する文献を，これだけ多数読んでいる人は，統一協会の関係者を別とすれば，パスカルのほかにはいないのではないかと私は思う。

　この本の内容が豊かなものになっているのは次の理由による。

第1に，統一原理が解説された後に，その根拠が，『原理講論』などたくさんの文献からの引用で示されているからである。そのことによって統一原理の内容が，深いところまで明らかにされている。たとえば，合同結婚後の「儀式」等についての詳細内容は，教義書である『原理講論』を読むだけではわからないのだが，私たちは本書によって，それらを知ることができるのである。

　第2に，統一原理を信じ，それを実践した元信者の証言が記載されているからである。その証言によって私たちは，統一原理がどのように信者の心を拘束し，信者の行動を規制していたのか，ということを理解することができる。信者の多様な体験を本書に収録することができているのは，パスカルが元信者の体験を，共感しつつ，聞き取っていたからであろう。

　第3に，やや大きめのイラストが要所要所に配置され，理解を助けてくれるからである。

　以上の結果，本書によって私たちは，統一協会員の実像をその内面からより深く知ることができるようになったのである。

　本書が統一協会問題に興味を持っている多くの人たちに読まれることを期待している。

（弁護士）

も く じ

はじめに

「信仰生活は，とても現実的です。最高に鋭敏な現実です。ですから，『原理』は最高の哲学です。生活哲学なのです。皆さんが，そのようなものには関心をもたず，政治や経済，貿易，そのようなものにばかり関心をもつようになってはいけません。そのような思考をもたせるような父母になってはいけないのです。」
（文鮮明『後天時代の生活信仰』光言社，99-100頁）

「『統一原理……統一教会のもつ教理体系全体を示す言葉。具体的には統一教会の教理書『原理講論』の中に示されている教理全体を示す。」（金永雲《キムヨンウン》『統一神学』光言社，6頁）

2022年7月8日午前11時30分に奈良で安倍晋三元首相が銃撃されました。容疑者Yの母親は宗教法人「世界平和統一家庭連合」（旧統一協会）の信者です。彼女が信者になったために家族の生活が困窮に陥り，Yの中で旧統一協会を恨む気持ちが深まり，元首相がこの組織とつながりがあると思って狙ったということです。

この銃撃事件が起きてから，新聞，テレビ，ラジオなどのマスメディアは，「世界平和統一家庭連合」（旧統一協会）について多くの情報を伝えました。特に自民党との関係について報じました。霊感商法や高額な献金の問題について，弁護士やジャーナリストが連日，その実態を報告していました。さらに元メンバー，特に脱会した二世信者が証言をするようにもなりました。これに対して世界平和統一家庭連合・旧統一協会（以下，「統一協会」と表記）も数度にわたって記者会見を開き，関係者は，これから「改革」を行うと表明し

ました。

　ところが，これまで統一協会がなぜいろいろな反社会行為を行ってきたのか，その本当の理由を話すことはありませんでした。そうした行為に対して，組織には責任はなく，一部のメンバーたちが自らの責任で行ったのだという説明に終始しました。けれども，現実はこれとは全く異なっています。メンバーたちの行う勧誘，物売り，霊感商法などは，「統一原理」を信じているからこそなされるものなのです。統一協会が真に改革を行うのであれば，まずこの「統一原理」を改革する必要があります。それをしないかぎり，根本的な問題を変えることはできないのです。

　では，その「統一原理」とは何なのでしょうか。それはどのようにメンバーたちに影響を与えているのでしょうか。こうしたことを理解するために，本書ではいくつかの角度から見ていきたいと思います。

I　統一原理とは

　統一協会のメンバーは「統一原理」を信じています。どうして彼らはこれに魅了されてしまうのでしょうか。メンバーの親御さんやパートナーは，自分の子どもやパートナーが何を信じているのか，そしてどんな「信仰」をもっているのかを理解することが非常に重要です。

　統一協会では，伝道された人たちに対して最初は，聖書を教典としていると説明しますが，実際は「教理解説書」である『原理講論』を教典とし，これによって統一協会の思想・「統一原理」を学ぶようにしています。

　統一協会によれば，「統一原理」は，文鮮明教祖が神から直接受けた「新しい啓示」の教えであるということです。文鮮明教祖は16歳の時に神の召命を受け，人生と宇宙の根本問題を解決するために，神のみが記憶する真理探求の苦難の道を歩んだ。この新しい真理を解き明かしたのは，文鮮明教祖以外，今までだれもいなかった。そう教えています。

　『原理講論』の38頁にこう書かれています。

　「先生〔注＝文鮮明教祖〕は，幾十星霜を，有史以来誰一人として想像に及ばなかった蒼茫たる無形世界をさ迷い歩きつつ，神のみが記憶し給う血と汗と涙にまみれた苦難の道を歩まれた。人間として歩まなければならない最大の試錬の道を，すべて歩まなければ，人類を救いうる最終的な真理を探し出すことはできないという原理を知っておられたので，先生は単身，霊界と肉界の両界にわたる億万のサタンと闘い，勝利されたのである。そうして，

11

イエスをはじめ，楽園の多くの聖賢達と自由に接触し，密かに神と霊交なさることによって，天倫の秘密を明らかにされたのである。

　ここに発表するみ言はその真理の一部分であり……。」

『原理講論』の内容について，文鮮明夫人の韓鶴子氏が，平成5年（1993年）12月10日付，統一協会の雑誌「新天地」の40頁で，こう述べています。

　「神が夫〔注＝文教祖〕に啓示された真理が『原理講論』の内容です。統一原理は，摂理的な観点から人類歴史と聖書の出来事を照らし合わせて，数千年間も未解決のままであった多くの疑問を解き明かしています。その内容を真剣に研究した人々は，それが，今日の私たちの社会が直面している多くの課題を解決してくれる唯一の神からの真の賜物であることを見いだしています。」

文鮮明教祖は，『牧会者の道』（光言社）という本の517-518頁で次のように述べています。

　「原理の本を全部覚える計画を立てよ

　統一教会のムーニーたち〔注＝信者たち〕は原理をはっきり知らなければなりません。米国人の中には，原理をはっきり知っている人は一人もいません。原理がよく分かっていません。私が見る観点では，みんな分かっていません。しかし，分かっているみたいにしています。どうなっているのかというと，自分式に原理講義をし，自分式に考えるのです。そうではありません。違うのです。米国教会長が講義するのを見ても分かります。私が聞けば答えられないことが多いのです。（笑い）ですから皆さんは言うまでもありません。

　皆さん，原理の勉強はみなしたでしょう？　何ページに何があるのかみな知っていますか？　全部で五百五十六ページですが，何ページに何があり何があるのか，またその文字の意味をみな知

っていますか？　それは私の体と同じです。私の体のどこにそば
かすがあり，ほくろがどこにあるのか，それを知らなくてもいい
のですか？」

　統一原理には三つの大きな柱があります。それは，①創造原理，
②堕落論，③復帰原理です。

1　創造原理

　「創造原理とは，人間の正しい姿，本来の姿はどういうもので
あるか，人間の人生の目的あるいは正しい生き方とはどういうも
のであるかを明らかにするものであります。人間の人生の目的，
あるいは人間の正しい生き方を知るために，この根本原因である
神様を中心としてこれらの問題を扱っていこうというわけです。
そして人間のみならず，人間の環境を形成しています，その万物，
その万物との関係もいかなるものであるかということを解明して
いくというわけであります。
　私たちが人間あるいは人生の目的を知ろうとするときに，当然
それは，人生の目的を私たちに与えた根本原因から知ろうとする
わけであります。この根本原因である神様が人間や宇宙を置かれ
た原因はいったいどこにあるかということの目的を明らかにする
ことによって，人生の目的を明確にし，さらにいかにして生きる
ことが人間にとって価値があることであるか，この人生において
最も価値がある生き方かということを明らかにしていこうという
わけであります。このようにして人間の本然の姿，あり方という
ものを解明していこうとするのが創造原理であります。」（ビデオ
『40日研修教材シリーズ　統一原理　レベル3　①序論／佐野邦雄』）
　さらに，創造原理においては神がすべての人の親であり，私たち

は神と深い交わりをもつことができると教えます。そして神がこの世界を造ったときに，どんな目的で人間を造ったのかを教えているのですが，それは人間を「善の対象」とするためであったといいます。旧約聖書の創世記１章28節以降を解釈し，「生育せよ，繁殖せよ，万物世界を主管せよ」〔注＝「主管」とは，管理する，治めることで，統一協会でよく使われる言葉〕とあるように，①個性を完成し，②子女をふやし，③世界を治める，この三つの条件を完成させることによって，人間は神が願う理想世界を造ることができるとのことです。そして，そのために神は人間がなさねばならない使命を与えるといいます（これは「責任分担」と呼ばれます）。それゆえ，統一協会が言う理想世界は，人類や社会全体に幸せを与えるものであり，責任分担として（これについては，あとで説明します）メンバーたちが実践している活動によって成し遂げられるというのです。

2　堕落論

　「堕落論では，人間の中に罪悪が発生した根本原因を明らかにしていこうというわけであります。それは，今申しましたように，本来の根本原因である神様を見失い，そして，本来の人間の位置を見失っているというところから，この罪悪が発生したというのであります。で，この罪悪が起こった出発点ですね，その原因はいったい何であるか，いかなる動機と経路をもってこのような罪悪が発生したのか，と。あるいは，その結果として，私たちはいかなる状態に置かれてしまっているのか。この，人間が本来の位置と状態を失ってしまった，そこに関する様々な問題を取り扱っていこうとするのがこの堕落論であります。」（同ビデオ）
　そして堕落論においては，今の社会を見ると，現実は理想とは全く異なっていると教えます。戦争・殺人・差別・エイズなどの深刻

14

な問題が山積し，恵まれない人々が数多く存在します。矛盾だらけ
の社会の中で，人々は幸せになりたくてもそうなることができませ
ん。だれもが幸福を願っているのに，どうして不幸な人がこんなに
も多い世の中になってしまったのでしょうか。幸福になるためには，
この世の中をどうしても変えなければいけません。でも，どうやっ
て変えるのでしょうか。

　変革のためには，まずどうしてこんな世界になってしまったのか，
その原因を探ることから始めます。

　そこで統一原理は，「人間の最初の先祖アダムとエバが神に反逆
して，天使長のルーシェルとエバが不倫の関係をもったことが，そ
の最初の原因であり，その結果として今度はエバもアダムを堕落さ
せ，それで全世界はこんなに悪くなった」と教えます。その堕落に
よって，人間は霊肉ともに死んだとされ，人格は混乱に陥り，家族
は愛を失い，バラバラになり，社会は不安定になったとします。

　そして今日まで，どの科学も，どの宗教も，どの哲学も，この問
題について完全な答えを出していないというのです。

3　復帰原理

　「この本来の位置と状態を失ってしまった人間が本来の位置に
戻る，つまりこれが救いであります。本来の位置に戻っていくこ
とが救いでありますが，救いを統一原理では復帰と定義づけてい
るわけであります。再び帰る，再び本来の位置と状態に戻るとい
うことでありまして，この根本的原則原理を扱っているのが，復
帰原理であります。

　本来の位置と状態を失ってしまった人間が，言ってみれば，万
物以下のような状態に落ちてしまったこの人間がどのようにして，
本来の位置と状態，本来の神様のもとに帰っていくことができる

15

のか，こういう救いに関する，さらには，その救いを我々にもたらしてくださるメシア，救いに関するこういう諸々の原理を見ていこうというわけであります。そして，人類の歴史ですね，これをひも解きながら，この歴史に貫かれた，人間が元に帰っていくための，その法則原則というものをこの歴史の中に明らかにしていこうというわけであります。」(同ビデオ)

そして復帰原理では，神は，最初に造ろうとした理想社会の実現のために，いろいろな人物を遣わした，しかし，その人たちはイエスをはじめみな失敗してしまったので，神は新たに文鮮明教祖を遣わした，というのです。

メンバーたちは，その文鮮明教祖を信じ従い，「為に生きる」ことで「地上天国」を築くことができ，その中で「責任ある人格」「愛に満ちた家族」「健全な社会」が完成すると信じています。そして，この地上天国の中で，すべての問題が解決できるといいます。そのようにしてメンバーたちは，人生に大きな希望をもつことになるのです。

統一協会のメンバーにとって，統一原理の三大原理はどういう意味をもつのでしょうか。以下のことです。

①神は素晴らしい世界を創造した。(創造原理)

②「この素晴らしい世界」はアダムとエバの堕落によって破壊された。すべての人間は罪人になった。(堕落論)

③罪人である人間はメシア文鮮明教祖に絶対服従しながら，神が創造した世界を復帰させなければならない。(復帰原理)

II　統一協会の神観

　統一協会では，神について説明するとき，愛の神，親なる神，喜びの神，悲しみの神，忍耐の神など，様々な神観を語ります。

　「愛の神」であるとともに「親の神」ですが，これは神が親の立場にあり，人間は子どもの立場にあるという教えです。ここでは，神と人間は，実際の親子以上の関係にあることが強調されます。神は，「最後に創造しよう」と考えていた人間のことを常にイメージしながら，6日間で天地を創造した。天と地も，その地の被造物も，すべてが人間のために用意されたものであるから，人間が被造物を見て喜び楽しむときに，神も満足する，と教えます。こうした統一協会の神観がまず印象づけられます。

　そして，統一協会のメンバーたちに最も影響を与える神観が「悲しみの神」です。人間のために天地を創造したはずなのに，最初の人間アダムとエバは，神の戒めを破って堕落してしまった。最も愛していた人間が堕落してしまったので，神はわが子を失うことになった。その結果，創造の計画も無駄になり，絶望のどん底に突き落とされ，「悲しみの神」となったというのです。

　メンバーは，この「悲しみの神」を自分たちは慰めなければならない，という強烈な思いにとらわれています。そのために，人間が堕落する前の状態に戻るために努力しなければならないと信じているのです。これが統一協会で教える「責任分担」です。統一協会の信仰と活動を通して自分が悲しむときに，それによって神を慰めることができ，「悲しみの神」を「喜びの神」へと解放することができるというわけです。

統一協会には，信仰の模範として「真の父母様」（文鮮明夫妻の<ruby>真<rt>まこと</rt></ruby>こと）が存在します。メンバーたちは，「悲しみの神」を救うために全生涯をかけて戦ってきた真の父母様の信仰姿勢を受け継いでいこうと願っています。その結果，愛せない者を愛し，赦せない者を赦し，すべてを認め，すべてを受け入れ，迫害する者を愛していこうとする厳しい信仰生活を強いられるようになります。それでもメンバーたちには，自分の苦労を見て，心を痛め悲しみにくれる神がいるという確信と，涙してもなお努力していく自分の姿に，共に涙して祈ってくれる「真の父母様」がいるという確たる信仰があります。そして，試練に感謝し，それを乗り越えようとする自分を見て，神も「真の父母様」も喜んでいるに違いないと確信を強めるのです。

　一つ一つ積み重ねられていくこうした確信は，大きな喜びとなり，生活を充実させ，イエス・キリストの歩んだ十字架の道を，一度ならず二度でも三度でも，どんな苦難の道であろうとも喜んで受け入れ，真心から感謝して乗り越えていこうという厳しい信仰の世界を育てていきます。

　神の悲しみの心情について，『文鮮明先生を中心とする現代の摂理　40日研修教材シリーズ10』（光言社）の37–39頁にはこう書かれています。

　「親である神は今までいかなる立場に立って，いかなる道を歩んでこられたのか。いくら人間が辛い立場にあっても，いくら悩めるどん底の立場に陥っても，人間における苦労は限られた苦労である。しかし六千年間の神の苦労というのは，我々人間にはどうにもこうにも理解できる悩みではない。我々人間の苦しみは限られた期間であるがゆえに，忍ぶことができる。しかし，堕落以後，今日まで続いてこられた神の苦しみは，耐え忍びえる苦しみではない。しかし，神はこれを耐え忍んでこられた。

　文先生は神に祈られた。『善なる神の目的に生き，神の心情を

18

中心とした善なる神の人格を持った，真なる神が求める人，その
人はいずこにおりますか。過去におりましたか？』。神は答えら
れた，『いない』。そこでまた問われた，『では，現在，今おりま
すか？』。すると，また神は答えられた，『いない』。そこで先生
が，『では，これから先，未来におるでしょうか』と尋ねたとき，
神は『私は知らない』と答えられた。

　そうして天の心情の深奥に触れていかれた。神の悲しい心情，
親としての苦しみを味わい知らされたときには，木を抱き締めて
いつまでもいつまでも泣き続けられた。先生と神様と抱き合って
泣いた悲しさは，地上の人々は誰も知らない。先生が今までこの
ような道を歩んでこられたのは，ご飯が欲しいから，名誉が欲し
いから，誰かが恋しいからではなく，ただ神様を知ったがゆえで
あった。特に，神様の，その心情を骨の髄にまで知ったがゆえで
あった。神様の悲しみというのは，我々人間の悲しみとは比べる
ことができない。千万倍にもなる。何ものにも例えることができ
ない。」
『天一国の時代の祈禱』（成和出版社）の中で，文鮮明教祖は138
頁でこう述べています。

　「歴史的な神様は悲しかったのです。六千年間，悲しかったの
です。私たちの不信した先祖たちによって無念で悲しみの神様を
慰労してさしあげる祈禱をしなければなりません。」

1　悲しみの神の影響

いま説明したように，統一協会では「悲しみの神」という概念を
教えています。「神は悲しんでおられる」というのです。この教え
は，メンバーたちに大きな影響を与えています。神は，最も愛して
いた人間の始祖であるアダムとエバが堕落してしまったことに対し

て深く悲しんだ。神のその悲しみを知らずに生きてきた堕落人間は，神と同じような苦労を背負い，神の苦しみの心情を共に味わうことで，悲しみの神を慰めて，喜ばせなければならない。そのためにメンバーたちは，いろいろな活動や行動を起こします。そうすることで神の悲しみの心情に近づくことができると信じているのです。それゆえ，統一協会での生活や活動を両親や夫からどれほど反対されても，決してやめようとしないわけです。

　なぜメンバーたちはこうした「悲しみの神」を信じることができるのでしょうか。元メンバーによれば，まず講義を通して，神が人間を創造するためにどれほどの時間や力を費やしたかを教えられるとのことです。聖書を使いながら，神が私たち人間の親であることを示します。そして，そのときの神の心境は，母親が赤ちゃんを身ごもり，十月十日の間，生まれてくる赤ちゃんのことを思って，服やオモチャを買ったり，おむつを用意したりして，毎日わくわくしながら楽しく暮らしている心境と同じであると説明します。

　こう教えられることでメンバーたちは，私たち人間が神にどれほど愛されていたのかに気づかされます。そして，人間を誕生させた神と，すくすくと育っていった人間は，この上ない幸福な生活を続けていたにもかかわらず，ある日，アダムとエバの堕落によってすべての幸福が覆され，神は人間を失い，身も心もボロボロになってしまった。そのとき神は，気が動転して泣き崩れ，目を赤く晴らして，太陽の光も見ることができなくなり，天使ミカエルに「最愛のわが子，アダムとエバはどこにいるか」と言って，捜し求めたとのことです。

　このようにして，アダムとエバは堕落してサタンに奪われてしまった。しかし神は，失ったアダムとエバをあきらめきれず，もう一度サタンの手から取り戻すために，アベルとカイン，ノア，アブラハム，さらにはイエスらを通して，堕落前の世界に復帰させようと

する。ところが，堕落人間はいつも神の心情を汲み取れず，失敗ばかりしていた。そのたびに神は非常に悲しみ，そして長年の間，孤独の路程を歩んできたというのです。

　こうした講義を通してメンバーたちは，初めて「悲しみの神」の存在を知るようになります。その後，「悲しみの神」を慰めることのできる唯一の存在として，メシアである文鮮明教祖が紹介されます。そして，文鮮明教祖に命をかけてついていくことが神を慰めることになるとメンバーに信じ込ませるのです。

　この信仰は様々な活動や日々の生活の中で確立されていきます。そうしたことを通して，悲しみ，孤独，つらさ，苦しみなどを実際に味わわせ，これらすべては，神がずっと背負ってきたものだと実感させるのです。そしてメンバーたちは，自分が実感した何百倍もの悲しみ，孤独，つらさ，苦しみを背負っているのがまさに文鮮明教祖であると信じ込みます。自分よりもつらい思いをしている文鮮明教祖のことを思い，そして神に対して申し訳なさを覚え，自分のすべてをささげることを決心するようになります。それだからこそ，どんなことがあっても，命がけで頑張ることができるのです。

　このことをよく理解するために，ここで元メンバーの証言をいくつか紹介しましょう。

〈証言1〉

　私はある日，統一協会のために伝道をしていたとき，あまりにも多くの人たちが，私が行うアンケートを断ったので，ものすごく悲しい気持ちになりました。どうしてこんなに悲しまなければならないのか，この悲しみはいったい何だろうかと考えました。すると，今まで統一協会で神様の悲しみについて教えられたことを思い出し，これはまさに神様の悲しみだと実感したのです。

　このことによって，私は神様の悲しみの心情を体験したと思いま

した。そして，私の悲しみは大きな喜びに変わりました。そのとき，神様を喜ばせるために，どんなに悲しくても，苦しくても，一生懸命に伝道しなければならないと思いました。

〈証言2〉

私は，娘を大学に行かせるために夫と一緒に貯めていたお金を，すべて統一協会に献金しました。夫はそのことを知ったとき，非常に怒りました。そして，娘は大学に行くことができなくなって，大泣きしました。私は最初，娘が可哀想だと思いました。それでも，本然なる神様はこれ以上に悲しんでいると教えられていたので，神様を喜ばせるためには，どんなに夫が怒ったとしても，そして娘がどんなに悲しんだとしても，私の行動は正しいと信じていました。

〈証言3〉

私は，統一協会のお金を集めるために「万物復帰」〔注＝本書「Ⅵ　万物復帰」を参照〕をしました。毎日，どんな天気でも，長い時間歩きながら，いろいろな品物を売っていました。ある日，腰が激しく痛くなりましたが，私はそのとき，神様が歩んできた苦しみや悲しみに比べたら，この痛みなど何でもないと考えました。そして，神様の悲しみを慰めるためには，もっと頑張らなければいけないと思いました。それから，そのときに痛めた腰は病院で治療を受けましたが，完治することはないと言われてしまいました。

〈証言4〉

私の両親は統一協会に反対していました。家から教会に通っていたときには両親とよく口喧嘩をしました。喧嘩をしたある日，父が泣きました。私も泣きました。そして母も泣きました。脱会した後，数年経ってから，お互いにこのときのことを思い起こし，3人の涙

の意味が全く違うものであったことがわかりました。父は，私が心を開かないので，悲しくて泣きました。母は，私が父の涙を見て心を開いたと思い，嬉しくて泣きました。では，私はなぜ泣いたのでしょうか。原理のことを父と母が理解しないため，神様は苦しんでいると信じ，それが悲しくて神様のために泣いたのです。そして，父と母がもっと苦しんで，神様の悲しい心情を理解できたらいいと思っていました。

〈証言 5〉

　私は小学校のとき短い期間でしたが，友だちに誘われて日曜学校に通っていました。教会に行って歌を歌ったり，お話を聞いたりして，最後にイエス様や羊の絵の描かれているカードをもらうのですが，何となく素敵な感じがしていました。

　その記憶があったせいか，ビデオセンターで見るビデオに「聖書」や「神様」が出てきても，あまり抵抗がなく，かえって聖書の物語の中にそんな意味が隠されていたのかと思ってしまいました。この世の中の矛盾や自分の将来に対する不安と，ビデオの内容がかぶりました。神様は親としてできるかぎりの愛情と環境を与えてくれているのに，その神様の意図を理解しないまま好き勝手にしているのが人間だ。自分もその中で不安定なままでいる。環境破壊，戦争，犯罪，貧困など，すべて私たち人間が真理（神様）を知らないから起こっていると思い始めました。

　ビデオが進んで，「神様の意図を私たちがわからないのは，人間が堕落したからだ。堕落の原因はアダムとエバの淫行のためだ」と教えられました。以前交際していたこととダブり，まるで自分がエバのように思えてきました。罪を犯してしまった子（エバ）を見て，手助けできない神様はどれだけ悲しい思いをしているのだろうか。人類始祖の時代から人間の「責任分担」を信じて待っていることし

かできない親である神様。その心は張り裂けんばかりだろうと想像
しました。ビデオの堕落論を見終わったあと泣いてしまったぐらい
です。

　その後，自分と人類が救われるために，メシアが必要だと教えら
れました。神様が何をしたら喜んでくれるのかわかるのは，神様と
会話ができるメシアしかいない。長い間悲しませてきた神様を慰め，
悲しみから救うためには，メシアである文先生の教えを守って，1
日も早く地上天国を造らなければならないと決意せざるをえません
でした

　街頭伝道や販売活動を実践するようになると，優しくしてくれた
り，私たちの話に耳を傾けてくれたりする人に対して神様を感じま
した。また，なかなか売れなくて，それでもあきらめずに飛び込ん
だお店でセットを買ってもらったりすると，神様やお父様が見てい
てくれたのだと思いました。実績が出なくて苦しくて，祈禱室で泣
きながら祈っていたことがありました。そのとき，何か温かいもの
に体を包み込まれたような感覚があって，右前方に光を感じました。
それが神様であると思って疑いませんでした。神様が「もっと頑張
りなさい」，「信じた道を行け」と言っている気がしたのです。そん
な経験があって神様とメシアのために命がけでみ旨をがんばろう，
私の家族が救われるためにも必死で頑張ろうと思い続けて歩んでい
ました。

2　悲しみの神のイメージ

　ある元メンバーは講義で，「悲しみの神」の姿について次のよう
な話を聞きました。神は 6000 年もの長い間生きてきたので，年を
取って，ボロボロになったおじいさんの姿をしている。人類・世界
の罪をすべてひとりで背負っているので，腰は曲がり，杖をついて

いる。その足は一歩歩くと地面にくい込み，目は涙でつぶれている。髪の毛は長く伸びて白髪になり，首も伸びてしまった。「わたしのことを信ずる者はいないか……。いないか……」と言いながら捜し回っているため，服はボロボロで，哀れな姿をしている。神は非常に年を取って，疲れ，力も尽き果てて，メシアにすがりたいと思っている。メシアもこの神を助けたいけれども，自分ひとりの力では無理なので，それができる助け手を必要としている。その助け手こそ統一協会のメンバーである。病人や高齢者には，助け手となることはできない。そのため，青年だけに伝道する，と。

　筆者（パスカル）は元メンバーの証言に基づいて，次のような絵を描いてみました。

　こうした元メンバーたちの証言に耳を傾けていると，「悲しみの

神」を信じ込むことによって，彼らがいかに頭の中で現実をとらえられなくなっているかがわかってきます。そしてメンバーたちがあらゆる出来事を，「人情」（自分を中心とする思い。特に，自分の家族や友人を愛し，優先する気持ち）と「天情」（天を中心とする思い。何よりもまず，天〔神・文鮮明教祖・統一協会〕を愛し，優先する気持ち）の二つに分けて考えようとしていることが見えてきます。家族や社会がどんなに反対しても，それはサタンに支配されている人たちの考え方であり，「人情」であると判断して，全く受け入れようとしないのです。

Ⅲ　人間の5％の責任分担

　統一原理では，神の予定は絶対です。しかし神のみ旨（ご計画, み意）を成就させるためには，人間が自分の「責任分担」を完遂しなければなりません。人間がそれを完遂しないかぎり，絶対に神のみ旨は成就しないのです。

　み旨を成就するために，神に95％の責任があり，そして人間には5％の責任があります。神がなす95％の責任と，人間が担当すべき5％の責任が割り当てられるとき，初めて神は予定したみ旨を成就することができるというのです。

　人間の5％の責任分担は，人間自身においては100％の努力に相当します。人間が自分の責任分担を果たさなければ，神のみ旨は必ず失敗する。それゆえ統一協会のメンバーたちは，どんな状況（精神的, 肉体的）や環境であっても，その5％の責任分担を果たすために，毎日朝から晩まで一所懸命頑張っているのです。

　統一原理では，5％の責任分担はノルマではありません。人間は責任分担を果たすことによって，神の願う本然の人間になれるとされ，これは人間に対する神の愛であり，人間に創造性を与えるためのものであるとしています。

　文鮮明教祖は責任分担についてこう述べています。

　「この宇宙のすべての矛盾した事実と歴史のすべての非運の曲折, このすべてが，今日，歴史上の責任分担ということを知らなかったために生じたものです。そのような事実を知らなければならないのです。責任分担がどれほど重要なことなのかを，皆さんは知らなければなりません。責任分担を皆さんは勝手に考えてい

るのです。『責任分担は原理で教えているのであって，私とは関係がない。この世の中は自分の思いどおりに生きることができるのだ』，このように考えているというのです。

　そのように見るとき，レバレンド・ムーン〔注＝文鮮明教祖〕が責任分担という言葉を発見したということは，偉大な発見だということを知らなければなりません。皆さんは，責任分担をどれほど重要なこととして理解しましたか？　どれだけ重要なこととして理解したかというのです。この責任分担には宇宙が引っかかっているのです。神様も解放を受けられず，宇宙も解放されず，地獄の門もこのために解放されず，社会の矛盾するすべての不義の歴史が責任分担という垣根に，責任分担というに引っかかってあえいでいるというのです。」（『牧会者の道』930頁）

〈証言〉

　原理で，神様の責任分担は95％で，人間の責任分担は5％と習いました。そしてしばらくしてから，文鮮明教祖の勝利圏が拡大したこと（多くのサタンに勝利し，摂理が進んだこと）により神様の責任分担は97％，人間の責任分担は3％となったと聞きました。

　神様も人間も双方が最善を尽くすことで責任分担が全うされると言われましたが，実際はどこまで頑張ればよいかの目安はありません。礼拝では，お父様の言葉を100％と思って生活する。アベル〔注＝上司。本書「XIV アベルとカイン」を参照〕の言ったことは100％と思って，従い行動するように，と言われました。

　伝道では，40％のみ言、30％の祈り，30％の実践活動で勝利すると言われ，人間の責任分担を全うすることにつながり，神様が働くことができると言われました。

　自分を無にして言われることをやっていくことが責任分担を果たし，地上天国が近づくものだと思っていました。

Ⅳ　蕩減条件

　「統一原理レベル３」のビデオの中に，「蕩減」と「蕩減条件」という言葉があります。「蕩減」とは，罪を清算してサタン分別〔注＝サタンの影響を断ち切ること〕をし，神のもとへ帰っていくことです。そのために立てる条件を「蕩減条件」と言います。

　『原理講論』の273頁には「蕩減」について次のように述べられています。

　　「どのようなものであっても，その本来の位置と状態を失なったとき，それらを本来の位置と状態にまで復帰しようとすれば，必ずそこに，その必要を埋めるに足る何らかの条件を立てなければならない。このような条件を立てることを『蕩減』というのである。」

　文鮮明教祖は「蕩減条件」についてこう教えています。

　　「蕩減条件は何を分別させるものでしょうか。責任分担を完遂して，その次に神様を愛するものです。サタンがどんなに迫害して攻撃しても，それを退け，そこに動揺しないとき，サタンは打って打ちまくってそれでも退かないときは，自分が退かなければならないのです。このようにしてサタンを分別するのです。」（文鮮明『罪と蕩減復帰』光言社，232-233頁）

　統一協会のメンバーたちは，日々の信仰生活の中でサタン分別のために蕩減条件を立てています。サタンは人間の罪に対応して，常に地獄へ引っ張ろうとしているので，それを防ぐために，自分の中の罪をなくし，サタンとではなく，神と対応できる自分となる必要があると信じています。そのために，神に従うこと（文鮮明教祖や

統一協会の責任者に従うこと）や，いろいろな方法でもって蕩減条件を立てることが重要だとされています。具体的には，祈祷，み言[注＝ことば]訓読（特に『原理講論』を読む），断食，水行，敬拝（敬礼式）等です。

　また，統一協会では，日本が昔，韓国に対して大きな罪を犯した（朝鮮侵略等）と教え，この罪を清算するため，メンバーたちにいろいろな献金や活動をさせます。メンバーらは，献金と活動によって日本が蕩減条件を立て，使命を果たすことで理想世界を作れるようになると信じています（本書「Ⅶ 韓国の歴史を利用する」を参照）。

　蕩減条件がどんなに厳しいものであっても，メンバーたちはいつも喜びをもって，神に感謝しています。そうすることによって，神に近づくことができると信じているからです。

〈証言〉

　私たちが統一協会での生活で普段使っていた言葉は以下のようなものです。

　・伝道が進まないとき（多くの人を伝道できないとき），自分の気持ちが伝道に向かないときや，否定的な感情がわくとき──

　「蕩減が重いんだよ。いつかは蕩減も晴れるよ。あなたは先祖の蕩減がかなり重たい人なんだね。清算するために清平〔注＝韓国京畿道にある統一協会の聖地〕[注＝チョンピョン]に行ってきたら？」

　・何か悪いことが起こる。家族に起こったときも──

　「これも先祖の蕩減だと思って感謝，感謝。そして代わりに蕩減を背負うために蕩減条件を立てる。」

　「新しく伝道対象者がいる場合は，その人の蕩減だと思って感謝し，苦労も乗り越えようとする。」

　・復帰の蕩減条件──

　「日本が勝利しないのは，先祖の蕩減が重たいから。また，私た

ちの歩みが南北半島の蕩減を晴らし，統一につながる。日々の生活
も感謝の思いですれば，神様の願いに近づくよ。」

　ここに挙げてきた事柄のために，何かあれば，蕩減だから感謝，
という気持ちに変えていました。実際に足を捻挫しても，先祖の蕩
減と思って，空しさや，やるせなさを感謝の思いに転換させていま
した。

　また，礼拝でみ言を聞くときや献金をささげるとき，聖歌を賛美
するとき，アベル〔上司〕のみ言を聞くときも感謝の気持ちをもつ
ことを教育させられたように思います。

　そして，蕩減条件を日々立てて生活していました。

　アベル〔上司〕に提出する蕩減条件用紙には，責任者，担当者，
内容，目的を記載します。立てるときは——

　Ａ　伝道対象者がビデオセンターに行くことを決めたら，その日
から，その人が誘惑や悪い先祖に引かれることなく通うために，最
初の４日間は，伝道した人が代わって蕩減条件を立てました。内
容は，①祈禱を４分（原理数），②『原理講論』を４頁（原理数），
③眉揉み３人，あるいはトイレ掃除，あるいは水行40杯などをして
いました。

　Ｂ　家族で問題が起こったら，先祖によるものかもしれないので，
蕩減条件を立てるように言われました。清平に行く前にも守られる
ように，と蕩減条件を立てました（条件の内容はＡと同じ）。

　Ｃ　新しい部署に行く前には蕩減がかかってくることもあるので，
条件を立てて守れるように，また，天の願いのままに生きられるよ
うに，という内容の蕩減条件を立てました。

　中には，40時間や３日間断食を行うこともあります。

　条件の目的は必ず，神様，御父母様を中心として書かなければな
りません。たとえば，「神様，御父母様の願うままに実践トレーニ
ングに進めるように」，「Ａさんが導かれて宝石を授かるように」な

どと書きました。

　蕩減条件をいくつも立てているときは，人より朝早く起きたり，就寝時間を遅らせたりすることをアベルに報告してから条件を行っていました。短い睡眠時間がさらに短くなったため，身体が大変になることもありました。

V　氏族のメシア

　メンバーたちは自分の先祖，家族，子孫を救わなければなりません。そのために氏族のメシアとなります。

　人類のメシアが文鮮明教祖であり，氏族のメシアが統一協会のメンバー一人ひとりであると教えられるので，メンバーは文鮮明教祖により近づこうと，様々なみ言を読み，また苦労をいとわずに活動に励みます。そうしたなかで氏族に必ず伝道できることになっていると再三言い聞かされます。

　文鮮明教祖のみ言の中に，「先生〔注＝自分のこと〕は，み旨を優先させるために，興南刑務所を出て以来，一度も親と会うことができず，それが先生の恨〔注＝願っているのにかなわないことへの悔しさ〕になっている。皆さんは，先生が勝利した基台〔注＝復帰摂理を進めるための土台のこと〕の上に立っているのだから，氏族を復帰することが許されている。それがどれほどの恵みかを知らなければならない」という内容のものがあり，氏族メシアとして立てることへの感謝が求められます。それで実際には，家族の大きな反対を受けながらも，自分の使命感に燃え，いつか必ず家族がわかってくれると信じて，神，文鮮明教祖のために必死に信仰をもち続けるのです。

　また，メンバーたちは，先祖の功労により神に選ばれたと教えられているので，とにかく氏族のメシアとしての使命を果たすことを目標とします。大きく三つの内容が求められます。

（1）先祖に対して

　統一協会の道を進むこと自体が先祖の解放につながるとされてい

ますが，現在は清平（チョンピョン）というところで多額のお金を払い，先祖解怨（かいおん）〔注＝霊界で苦しんでいる先祖を，儀式を受けることによって解放すること。「IX 霊界」「X『役事』の儀式」の項を参照〕や先祖祝福を行うことも使命の一つとなっています。

(2) 家族，親戚に対して

家族や親戚に真理を伝え，伝道することです。親に統一協会の物を買わせたり，親に嘘をついてお金をもらって献金したりすることも，親に伝道するための大きな条件になると教えられているので，親や家族の救いのために，みな必死で親に頼み込みます。

(3) 子孫に対して

合同結婚式に参加して原罪を脱ぎ，原罪のない子孫を繁栄させていくことです。

〈証言〉

私は初めて「氏族メシア」という言葉を聞いたとき，その意味の重要性に気づいていませんでした。自分のような小さな人間にとってあまりに大きな使命であるということに全く気づいていなかったのです。どちらかというと，終末のこのときに多くの人たちよりも先に選ばれて，み言（ことば）を聞いたという優越感と選民意識のようなもののほうが大きかったように思います。

伝道をするようになってから『原理講論』を読んでいて，その意味に気づいたとき，自分の立場が恐ろしくなったのを覚えています。そのときの私は19歳。実際問題として，こんな若造に氏族を救うことができるのか。あのイエス様でさえ成し遂げられなかった救いを，氏族のレベルで自分がやっていくのだから，多くの困難と苦難が待っていることに間違いはないわけで，あきらめずに最後までやり遂げられるのだろうか。真剣に考えれば考えるほど暗い気持ちになりました。この道を知らなければ良かったとも思いました。でも，

神様や多くの先祖の導きでこの道に出合い，真理とメシアを知ることができました。そこにある期待に応えていかなければいけないと思いました。その責任感と使命感でようやく自分を奮い立たせることができました。

　普段の生活の中では，街頭での伝道が主だったので，親や兄弟，親戚にみ言を直接伝えることはしていませんでした。時折，メシアである文氏から「氏族のメシアとしてみ言を伝えろ」と指示があり，親に『原理講論』を送ったこともあれば，まずは万物条件を立てさせようとおばさんに声をかけて，宝飾展や着物展に誘ったりしました。しかし，ことごとく失敗して氏族メシアは無理なのではないかと思うことが何度もありました。けれども，ここであきらめたら，氏族の救われる道が遠のいてしまうと思い，あきらめることもできない状態でした。

　毎日，伝道や万物復帰〔注＝次章を参照〕を行うなかで多くの人に断られたときには，また，怒られることでつらい気持ちになったときにも，これを感謝して受けとめれば，氏族を救える条件になると思って頑張っていました。

　「〔聖地建設のための〕清平（チョンピョン）の摂理」が始まってから，少し氏族メシアの雰囲気が変わってきました。み言を伝え，メシアを受け入れられるようにすることについては，基本的に変わっていませんでした。大きく変わったのは，それまで死ぬ前までに伝えなければならなかったのに，死んで霊界に旅立った後でも，条件となる百数十万円を払えば，霊界で修練会に参加して，み言とメシアを知り，救われるようになるということでした。直接伝えなくてもよくなりましたが，その代わりに多くのお金を準備しなければならなくなりました。

　それでも，すでに霊界にいる先祖と氏族のために頑張っていきたいと思っていました。

VI　万物復帰

　統一原理によると，神は被造世界を創造し，それを治めるために，まず初めに天使を神の使いとして創造したが，そのときに人間は神の子として創造され，被造世界に対する主管権〔注＝管理するために与えられた権限〕を与えられ，天使をも主管できるようになっていました。ところが，堕落によって，人間は万物以下に陥ってしまったということです。

本然の関係性

神

人（神の子）

天使・万物

堕落によって，人間は万物以下に陥った

　「人間は堕落して万物より劣る存在となったので，堕落人間を再創造するためには，神の主管圏内にある万物，すなわち神のみが所有することのできる万物がなければなりません。ゆえに万物復帰の目的は，万物（被造世界）再創造のための蕩減<ruby>蕩減<rt>とうげん</rt></ruby>条件を立てて万物を神の前に返し，その万物を通じてはじめて堕落人間を復帰（人間再創造）するための蕩減条件を立てることなのです。つまり，万物を神の前に返してから，その万物を通じて初めて堕落人間を復帰することができるのです。」（40日研修教材シリーズ40 No. 8『復帰摂理と万物』24-25頁）

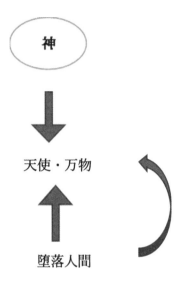

〈証言〉

　私が入信していた 1990 年ごろは，伝道や万物復帰と呼ばれる物売り（経済活動）が非常に活発な時期でした。祝福を受けるためには 3 年半の伝道活動と，3 年半の万物復帰を実践しなければならないと教えられていました。最初からそのような活動を喜んで受け入れられるものではありませんでしたが，困難な活動には，悲しみの神の心情を実感し，信仰をさらに強めるという役割がありました。購入してくれた顧客は，商品（万物）を通して神の前にお金をささげることになり，それが万物条件となり，救いにつながる，と私は信じて行っていました。

　私が経験した最も過酷な万物復帰の実践は，1 か月間 5–6 名のメンバーで改造ワゴン車に寝泊まりしながら，珍味（1 袋 2,500–3,000 円）を販売する活動でした。商材は地域や年代によって違うようで，ハンカチ，コーヒー，お茶などいろいろありました。

　出発前には各個人，マイクロ隊〔注＝マイクロバスに乗って物売り
をするグループ〕の目標を立てさせられるのですが，目安として1
人1日3万円以上，ひと月100万円以上，1台のマイクロでひと
月1000万円ほどの目標を掲げ，過酷な活動に従事させられます。
目標といっても，自発的に立てるというよりは，最低でもそれだけ
はやり遂げなければならないような圧力がありました。目標という
よりはノルマだったと言うべきかもしれません。

　朝5時か6時ごろには起床し，公園や駅の冷たい水で洗顔，歯
磨きなどをすませ，狭いマイクロバスの中で簡単な食事をし，8時
ごろには出発式で目標金額と内面的な決意表明を宣言し，キャプテ
ン（ドライバー）から手渡された地図に記された任地で販売活動を
行います。常に神と霊界が一挙手一投足を見ていると言われている
ので，精神的にも肉体的にも手を抜くことが許されませんでした。

　断られ続けると，気持ちが落ち込んで歩みが止まってしまいそう
になることもあります。しかし，そのような心の隙にサタンが入る
と言われていましたし，落ち込んで暗い表情をしていると，販売実
績を上げることもできません。そんな実績不振を予防するかのよう
に2時間に1度くらい実績の報告が設けられています。電話ボッ
クスなどがなければ，なるべく親切そうなお宅に電話を貸してもら
い，本部（所属部署の部長やマザー〔注＝ホームにおける母親役の女
性の上司〕）に電話をかけ，「現在0.5（5,000円）です」等と実績
を報告します。実績がないときは，厳しい言葉を浴びせられること
もありました。信仰的な気持ちを正され，救いの気持ちを込めて祈
り直し，再度この任地を救うのは私なのだと気持ちを一新させて活
動を続けます。お昼は公園などでパンやおにぎりを食べて簡単にす
ませ，夕方の回収時間までには，立てた目標をなんとしても達成し
なければと必死になって活動していました。

　夕方に回収されると，キャプテン手作りのものを食べ，夜は飲み

屋街（通称Ｂ街）へ販売に向かいます。酔客相手に珍味販売でお店へ突入していくのは本当に勇気の要ることでした。心の中では嫌でたまらないのですが，嫌だという思いがサタンだと言われているので，そんな思いを必死に打ち消して活動し続けるしかありませんでした。そこで目標が達成されなければ，延長路程ということで，さらに夜遅くまで活動時間が延びました。

　狭いマイクロバス内で重なり合うように寝袋で寝る劣悪な環境で，睡眠時間は削られ，疲労がどんどん蓄積していきます。お風呂は週に１回か，良くて２回銭湯に行かせてもらえただけだったと思います。睡眠不足でふらふらになりながらも，実績に追われ，いっさい手抜きをすることができません。訪問先の玄関前で立ったままで眠ってしまうこともありました。はっと目覚めたとき，インターホンを鳴らす前なのか後なのかもわからず，とまどったことがありました。真冬の北海道での活動中，田舎道の端で立ったまま眠ってしまい，ヘッドライトの明かりでびっくりして目覚めたこともありました。膝が痛くなり，歩くことも困難になり，祈りをささげ，足を引きずりながら歩いていくと，放置自転車が目に留まり，近くにいた人に「乗っても大丈夫か」と尋ねたところ，「大丈夫だ」と言われ，神様の愛を実感したこともありました。

　最初の１か月は100万円を達成することができませんでした（記憶違いでなければ，80万円くらいだったと思います）。そのことを霊の親に報告しましたが，「達成できないなんて人間じゃない」とひどく否定的な言い方をされて落ち込みました。ひと月で100万円を目標としたならば，その実績分だけの顧客を神様が用意しているはずなので，達成できないのは自分の努力不足，サタンに心を奪われているからだということでした。悔しさと申し訳なさで泣きながら悔い改めの祈禱をして，気持ちを新たに出発することになりました。

　翌月のマイクロでは 100 万円を超える実績を出すことができたと思います。それでも，霊の親にほめてもらえることはなく，できて当然というような態度でした。

　全国各地でそのような過酷なマイクロ活動を行っていましたから，相当な収益があったと思いますが，それらがどのように使われていたのかは，末端の信者は知るすべがありません。地上天国実現のため，お客さんが救われるため，良いことに使われていると信じていただけです。教えを信じ，奴隷のように無償で過酷な労働に従事させられていたという現実は，本当に残酷なことでした。

　献身前に千葉県の 21 日修練会に参加したときも，「実践神学」という名目でお茶売りの活動がありました。見知らぬ土地での万物復帰は本当に不安でした。痴漢防止ブザーを渡され，茨城県の山の中におろされて活動しました。そのとき，うっかりひもを引っ張ってしまい，ブザーが鳴り響きましたが，たとい何かがあってもだれも助けに来てくれないだろうと絶望的な気持ちがよぎったことを忘れることができません。

　あの山の中で北海道に帰りたい，元の生活に戻りたいという思いがよぎりました。私は信仰の力を呼び起こし，決して負けてはいけないのだと心に言い聞かせて，耐えながら活動を続けました。

　修練所に戻ってから，別の隊で前線逃亡があったと聞きました。活動中に音をあげて売上金を持って逃げてしまったということです。私はほとんど実績を出すことができずにいたので，手もとに現金はないし，北海道まで帰ることは無理なので，陸続きの人が羨ましいと思ってしまいました。前線で逃げ出したいという思いは，かえって結果的に信仰を強固なものにしました。孤独でつらい道であっても，救いのために行くしかないのであって，それが再臨のメシアが歩んだ道であり，これ以上神を悲しませてはいけないという決意を固めることになったのです。最初に書いたとおりの万物復帰の役割

が果たされることになりました。

万物復帰のチーム
（写真提供：元メンバー）

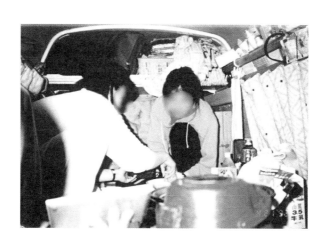

メンバーはワゴン車で食事の準備をする
（写真提供：元メンバー）

メンバーはワゴン車で食事をする
(写真提供：元メンバー)

　メンバーたちは万物復帰するときに歌を歌います。一つ紹介します。(川崎経子『統一協会の素顔──その洗脳の事態と対策』教文館，61頁より)

　〈マイクロの歌〉
　(一)
　私のうちはマイクロバスです
　野を越え　谷越え　山越えて
　私のうちはマイクロバスです
　あなたの町に　ひとっとび
　(二)
　おいしい珍味を食べませんか
　あなたと私の出会いのために
　おいしい珍味を食べませんか
　あなたも一緒に食べましょう
　　(繰り返し)
　　　あなたに愛を　愛を　とわの愛を

あなたのこころ　こころ
愛に満ちて愛の世界にまっしぐら
　（最後に「ヤッ！」と声をあげ，片手のこぶしをあげる）

売り上げの集金日に幹部が撮ったもの。この日は
早く切り上げられた。（写真提供：元メンバー）

Ⅶ 韓国の歴史を利用する

　1905 年，日本は韓国を植民地化しました。1910 年 8 月 22 日には「日韓併合条約」によって朝鮮半島を併合しました。この状況は 1945 年 8 月 15 日，日本の降伏まで続きます。その間，日本政府は朝鮮半島の民族に対して無情な支配を行いました。この支配について『原理講論』の 588–589 頁はこう説明しています。

　「それでは韓国民族は，どのような経緯を経て，日本帝国のもとで四十年間の苦役を受けるようになったのであろうか。韓国に対する日本の帝国主義的侵略の手は，乙巳保護条約によって伸ばされた。すなわち 1905 年に，日本の伊藤博文と当時の韓国学部大臣であった親日派完用らによって，韓国の外交権一切を日本帝国の外務省に一任する条約が成立した。そうして，日本は韓国にその統監（のちの総督）をおき，必要な地域ごとに理事官をおいて，一切の内政に干渉することによって，日本は事実上韓国から政治，外交，経済などすべての主要部門の権利を剝奪したのであるが，これがすなわち乙巳保護条約であった。

　西暦 1910 年，日本が強制的に韓国を合併した後には，韓国民族の自由を完全に剝奪し，数多くの愛国者を投獄，虐殺し，甚だしくは，皇宮に侵入して王妃を虐殺するなど，残虐無道な行為をほしいままにし，1919 年 3 月 1 日韓国独立運動のときには，全国至る所で多数の良民を殺戮した。

　さらに，1923 年に発生した日本の関東大震災のときには，根も葉もない謀略をもって東京に居住していた無辜の韓国人たちを数知れず虐殺したのであった。

一方，数多くの韓国人たちは日本の圧政に耐えることができず，沃（よく）な故国の山河を日本人に明け渡し，自由を求めて荒漠たる満州の広野に移民し，臥薪嘗胆（がしんしょうたん）の試練を経て，祖国の解放に尽力したのであった。日本軍は，このような韓国民族の多くの村落を探索しては，老人から幼児に至るまで全住民を一つの建物の中に監禁して放火し，皆殺しにした。日本はこのような圧政を帝国が滅亡する日まで続けたのであった。このように，三・一独立運動で，あるいは満州広野で倒れた民衆は主としてキリスト教信徒たちであったのであり，さらに帝国末期にはキリスト教信徒に神社参拝を強要し，これに応じない数多くの信徒を投獄，または虐殺した。それだけではなく，八・一五解放直前の日本帝国主義の韓国キリスト教弾圧政策は，実に極悪非道なものであった。しかし，日本の天皇が第二次大戦において敗戦を宣言することによって韓国民族は，ついにその軛（くびき）から解放されたのである。」

　日本帝国の併合によって，韓国民族が多くの苦しみを受けたのは事実です。このことは絶対に否定することができません。

　統一協会の組織と文鮮明教祖は，日韓歴史を教育材料として頻繁に使っています。けれども，その教育方法には大きな問題があります。日本人のメンバーたちの心を操作するために利用しているからです。では，どのようにして操作するのでしょうか。

　1905 年から 1945 まで，特に第二次世界大戦の間に日本の政府が韓国民族やアジア諸国に対して具体的にどのようなことをしたのかについて，日本ではあまり詳しく伝えられていません。そのため日本人の多くは，日本軍が行ったことについて十分な知識がなく，曖昧な理解をしているようです。一方，統一協会は時間をかけて，いろいろな資料，映像，証言によって，日本人が韓国の人たちに対して，どれほど差別と暴力行為などをなしたかを詳しく説明します。文鮮明教祖自身も彼の家族もひどい差別や暴力行為を受けたとメン

バーたちに訴えます。統一協会の教育と文鮮明教祖の話によってメンバーらは大きなショックを受けます。精神的に不安定になり，うつ状態に陥ったり，泣いたり，自分が日本人であることに対して強い恥の意識を覚えたりします。そのように統一協会と文鮮明教祖は，統一原理を通してメンバーたちに強い罪の意識や精神的ショックを植えつけていくのです。

　統一原理では，罪について，「遺伝的罪」（先祖が犯した罪）と「連帯罪」（日本が犯した罪）の存在を教えます。組織と文教祖は，1905 年から 1945 年までの間に先祖が犯した罪は，単なる過去の歴史ではなく，日本人である今の自分たちの罪であると教えます。そして，現代に生きる日本人は，歴史的な罪を償う責任があると主張します。

　韓国は神側にあるのでアダム国家，日本はエバ国家と位置づけられます。エバには幼いころのアダムを育てる義務があるということですが，国と国の関係にすれば，日本が韓国を助ける立場にあるということです。日本は韓国に対して完全自己犠牲と完全自己否定に徹し，人材と経済の供給をしなければならないというのです。

　文鮮明教祖はアダム国とエバ国について次のように述べています。

　「すべての国家を代表して，四大国を選出した。韓国はアダム国家であり，エバ国家は日本である。なぜか。キリスト教文化圏が反対したからである。反対しなかった場合には，イギリスがエバ国家であった。第二次大戦において，アダム国家はアメリカで，エバ国家はイギリスであり，天使長国家はフランスであった。しかし，神側のキリスト教文化圏が反対した。だから，サタンが頭を持ったんだから，しっぽを天が取らなければならない。それは何かというとキリスト教文化圏をサタンが握ったんだから，天は反対の一番しっぽから。しっぽがどれかというと（第二次大戦におけるサタン側の）アダムであるドイツだよ。それからエバ（日

47

本）だよ。それから天使長国家。そういうふうになっている。」
（『御旨と世界』光言社，871 頁）

　「国家的側面から見た場合に，日本の国がアダム国家に対応するエバ国家の位置にあったとするならば，先生に一瞬の疑い，一瞬のその悩み，一瞬の苦労をかけてはいけないという観念をもたなければならない。堕落したエバによって，歴史的伝統が犯されたことを考えれば，その生涯の全体をかけて，世界を代表して，心情に一点でも傷をつけるような，そういう思いを残させるようなことをしてはいけないという立場に立つのが，エバ国日本の立場である。分かりました？　（はい）。不平を言うな。そういう意味だ。文句言うな。完全否定。伝道してみ旨の最前線に立て。」
（同書，862 頁）

さらに文鮮明教祖はエバ国家，日本の使命について，こう言っています。

　「島国日本はイギリスの文化を 100 パーセント受け継ぎました。車もそれで左側通行でしょう。イギリスが左側通行だからです。左は日本の国を象徴します。そうしてどこに回っていくのかといえば，イギリスのような基準を中心として蕩減復帰するのに，半島の国イタリアのような韓半島に来ます。韓半島は何かといえば，男でいえば生殖器です。半島です。イタリアがなぜ世界の文化創造に歴史的貢献をしたのかといえば，半島だからです。半島。生殖器です。島国は女性の陰部と同じです。」（『罪と蕩減復帰』199 頁）

　「カインとアベルが復帰されて誰を通じて入ってくるのでしょうか。お母さんを通じて入ってくるのです。この国が日本です。日本が 1978 年から世界的な経済大国として登場したのは，エバ国家として選ばれたので，終わりの日にすべての物を収拾して，夫であるアダムにみな返すためです。なぜですか。堕落するとき

にすべての物をサタン，夫にあげたことを蕩減復帰しなければならないので，日本はすべての物質を収拾して，本然の夫であるアダム国家である韓国の前に捧げなければならないのです。」（同書，199-200頁）

〈証言〉

日本は，韓国に対して大きな罪を犯したため，滅びる運命にあった。けれども，文鮮明が神にお願いして罪をとりなしてくれたおかげで救われたので，献金摂理の勝利〔注＝統一協会でよく使われる用語で，上から課せられた献金のノルマの達成といった意味〕をしなければならない。そうしなければ，次こそ神に捨てられ，沈没する。私はそう教えられていました。献金のノルマがあまりにも大きいために，実際は勝利できないことのほうが多いのですが，そのたびに文鮮明がさらなる苦労をして，神に赦していただけるよう条件を立ててくださっていると言われていました〔注＝「条件を立てる」については52頁を参照〕。

〔聖地〕清平で行う先祖解怨の金額が，1-7代のみを取っても，日本人信者は70万円，それ以外の国の信者は10分の1の7万円と定められていたり，清平に天正宮と呼ばれる王宮を建てるときも，日本人信者は140万円で，そこに名前が刻まれると言われたりしたのに対して，他の国での金額はそれと比べて少ないものでした。「献金摂理」も日本ばかりであることに不満を感じたこともありましたが，これは日本の罪が重いのだから仕方がないと自分で言い聞かせて，不信感を取り除いていました。

合同結婚式で韓国人の相対者（結婚の相手）が与えられた後，親が統一協会に反対していると清平の講師に伝えたことがありました。すると，日本の先祖が韓国の先祖に恨まれて，打たれている証拠だから，相対者と私の先祖解怨をしなければならないと言われました。

もともとは，強制連行された人や従軍慰安婦にされた人たちが，メシア（文鮮明）に最も先に仕える選民として神に選ばれたのだが，それを日本の先祖が殺してしまったため，その人たちの恨みを一身に私たちが背負っている。だから，私たちはその人たちの分もつらく険しい道を歩まなければいけない。そう教えられました。

　強制連行や従軍慰安婦の話は聞いたことがありましたが，それは歴史上のことで，今の自分と直接関係があるとは正直のところ思っていませんでした。

　でも，勉強が進んで「罪」というものを意識させられていくなかで，個人ではどうにもならない「遺伝的罪」（先祖が犯した罪）と「連帯罪」（日本が犯した罪）の存在を教えられ，日本人の先祖がみな韓国に対してどれほどひどいことをしてきたかを知ることになりました。その内容はとても衝撃的なものでした。先祖が犯してきた罪の大きさ，日本の罪の大きさを強く感じ，多くの命を奪った罪を償わなければならない，と思いました。そして，そのためには韓国人であるメシアに仕えて，命がけで統一協会の活動を頑張らなければならないと思うようになったのです。

　文教祖の命令で，韓国在住の日本女性信者に慰安婦謝罪を韓国で何回もさせました。

Ⅷ 合同結婚

1 なぜ祝福結婚（合同結婚）に参加するのか

　統一原理は，「堕落はまず，天使長とエバとが霊的性関係を結ぶことから始まり，このことによってエバの胎中が汚されました。そのエバがアダムと肉的性関係を結ぶことによって，アダムの中の種までが汚されるようになったのです。こうして，汚されたアダムの種が汚されたエバの胎中に宿って生まれたのがその子女で，その結果，男の子女の種も，女の子女の胎内もサタンの要素を受けて汚れることとなり，順次，アダムとエバを出発点として生まれてきた子孫の生殖器は汚され，サタンの要素を受けた子女を生み殖やすことしかできなくなりました」（野村健二『統一教会に疑問を抱くあなたへ——山崎浩子さんの手記を読んで』Kowa Book, 130頁）と教えています。

　堕落によって人間はサタンの血統となったので，普通の結婚を通して生まれる子どもはみなサタンの血統となります。統一原理では，このアダムとエバの罪（原罪）から救われるために血統転換をしなければならないといいます。そのために統一協会のメンバーたちは祝福結婚（一般に「合同結婚」と言います）を受けるわけです。

　統一原理によれば，原罪を清算するために真の父（文鮮明教祖）の骨髄の中に潜んでいる種自体とメンバーたちが一体化したという条件を立て，ついで，真の母（文鮮明教祖夫人）の胎中を通過したという条件を立てる必要があるということです。「真の父の中にある子女の種と一致する」ためには文字どおりそのようにすることは

51

不可能なので，愛と心情において真の父（メシア）と完全に一体化したという精神的基準を立てることで，真の父の種と一致したと神にみなしていただくということです。〔原理では，願いをかなえてもらうためにも，罪の赦しのためにも，それにふさわしい「条件」を必要とします。神も，人間の善なる条件がなければ，み旨を行うことすらできません。サタンも神に対抗し，人間の心に働きかけ，悪なる条件を立てさせようとしています。それで神は，6000 年も黒星続きの負け越しで，「条件が欲しい」と泣いて，条件を満たしてくれる子女を捜し求めているというのです。〕

　「次に，『真の母の胎中に入る』ということの方は，真の母の胎内を通って生まれた真の子女と一体化することを通して，ふたごと同じ立場に立ったという心情的条件を立てることにより，復帰された本然の子女とみなされるという恵沢を受けることができるようになるわけです。」（同書，136 頁）

祝福結婚（合同結婚）によって，アダムとエバの罪（原罪）を清算することができる。そして，人間はサタンの血統から神の血統になることができる。統一協会のメンバーたちは，文鮮明教祖が真のアダム（メシア）であると信じています。そして，文鮮明教祖はすべての霊界を知っており，何代も前の先祖を見たうえで相手を選んでくれるから，自分の正しい結婚相手がだれであるかがわかっているのだ，とメンバーたちは信じています。それで彼らは，文鮮明教祖が選んだから，知らない人と結婚しても，間違いなくこの人が自分の理想相対者（理想の結婚相手）になると信じているのです。

　なぜ統一協会のメンバーは祝福結婚（合同結婚）を受けるのでしょうか。

・原罪がなくなるために（血統転換するために）。

・理想の相手を神に与えていただくために。

・神が願う理想家庭を築くために。

・原罪のない子ども（子孫）をつくるために。

統一協会では，自由に恋愛することは許されません。それについて文鮮明教祖はこう言っています。

「信仰が深くなり，霊的な体験をするようになれば，いいかげんに行動できません。神様を押しのけて，自分たちの喜びだけのために互いに愛し合うのは，サタン世界の誤った愛です。

今まで，自分はそのようなことをしてきたという人がいれば，先生の話を聞いた今から悔い改めなければなりません。アダムとエバは，神様にそっぽを向いて自分たちだけで愛し合うことにより，とんでもない結果をもたらしました。皆さんも自分たちだけで結婚したりすれば，新しい先祖になるどころか，とんでもない結果をもたらすようになります。ですから統一教会では，自由に恋愛することは絶対に許されません。神様にすべてをゆだねなければなりません。」(『祝福家庭と理想天国Ⅰ』光言社，842 頁)

〈証言 1〉

神様がアダムとエバの堕落以来 6000 年もの間待ち望んでいた理想家庭を作るためには，合同結婚式に参加して，理想の相手が与えられることが必要であり，祝福によって原罪がなくなることによってのみ，罪のない真の子女を産むことができると教えられていました。そして，全人類が合同結婚式を受けることが，罪も悲しみもない理想社会（地上天国）を作る唯一の方法であり，最終的な神様の悲しみが解かれる方法だと信じていました。

〈証言 2〉

合同結婚式に参加したのは，堕落によって黒くなって傷ついている霊人体が清められ，白くなると信じていたからです。私はもともと死後の世界があるのではと漠然と思っていましたが，統一協会の

勉強を始めてから，死後の永遠の世界に対する観念が確信へと変わっていました。

（写真提供：元メンバー）

2　蕩減棒儀式

　マッチングを受けてカップルになった男女は，合同結婚式の前に「蕩減棒」という儀式を行います。最初は木の棒で男性が女性のお尻を３回思いきり打ちます。引き続き，同じように女性が男性のお尻を３回打ちます。「蕩減棒」は象徴的な儀式です。協会によれば，原罪を清算する前提としての儀式で，「祝福」の前に済ませておかなければならないものです。

　なぜお尻を打つのでしょうか。それは，人間始祖であるアダムとエバが下半身で罪（不倫）を犯したからです。この儀式によって，その罪を晴らすことができるというのです。

　蕩減棒について文鮮明教祖はこう言っています。

　「タマルの役事を中心として考えると，タマルは天の天道を引き継ぐために自分の生命を懸けたのです。文総裁〔注＝自分のこと〕と同じように生命を懸けたのです。そしてヤコブは天使と命

54

懸けで戦いました。ももの骨が折れても一晩中手を離すことはありませんでした。それはどういうことですか。ももの骨を打たれなければなりません。ももの骨を誤って用いたことが淫乱ではありませんか。それゆえ，我々統一教会では結婚をしたあとで蕩減棒儀式をするのです。蕩減棒儀式とは何でしょうか。どこを打つことですか。腰を打つことです。この腰を誤って用いたのではありませんか。この聡明な文総裁がどうしてそんなことをするのでしょうか。しかし仕方がないのです。」（『罪と蕩減復帰』137頁）

蕩減棒儀式。この絵は元メンバーの証言に基づくもの

〈証言〉

　蕩減棒の儀式は，とても痛みを伴う行為です。しかし，お互いの罪の清算のために，心を鬼にして，相手の下半身を思いっきり打つことが愛情だと教わりました。事前の講義で，尾骶骨を骨折して救急車で運ばれた人がいたと聞かされていたので，私も相手の方も慎

重に行いました。

蕩減棒の儀式の翌日，下半身に３本の青あざができていました。しかしそれは，儀式を無事終えたことの証しなので，痛いながらも，そのあざをありがたく受け入れました。

3　聖酒式

合同結婚の時に「聖酒式」という儀式を行います。これついて文鮮明教祖は次のように説明しています。

「『この式がなければ原罪を脱ぎ，血統を転換することができない』

　　　血統の転換

堕落したんだから，汚れた血統を受け継いだのを復帰しなければならない。

六千年の歴史を全て復帰するような式をしないと祝福まで帰ることができない。約婚式は，アダム・エバが約婚の時に堕落した，それを復帰しなければならない。堕落して汚れた血統を受け継いだ，その血統を転換しなければならない。これをしないと原罪が脱げないし原罪を乗り越えないと真の子女として祝福される段階に上ることができない。原理がそうなっているんだね。

堕落した原罪を脱ぐ血統の転換，血肉の交換がこの聖酒式である。

この聖酒式は，イエス様を中心として言えば，聖餐式である。血と肉の代りにパンとぶどう酒を飲む。堕落したんだからイエス様の体を受けることで新しい肉体を受肉しなければならない。それと同じように，この聖酒式は堕落した行程と反対の方向にもって行かなければならない。」（『御言 選集』，「聖酒式のみことば」光言社，36-37 頁）

「聖酒は何が入っているかというと，父母の愛の象徴が入っている。それから血の象徴が入っていないといけない。それを飲むと，父母の愛と一体となり血と一体となる。こういう内容が聖酒である。

この聖酒はいかに作られるかというと，陸海空を象徴し，全体を象徴しているものから作られた酒である。三種類の酒が入っている。それ以外に，全ての万物の象徴が入っている。これを飲むということは，霊的に生まれ，肉的に生まれる，ということである。

この式がなければ原罪を脱ぎ，血統を転換することはできない。血統が転換されなかったならば，完成基準を通過して神の愛と一体となることはできない。その全てを蕩減する式であることを知らなければならない。」(同書，39頁)

聖酒そのものについて文鮮明教祖はこう語っています。

「それで聖酒はなにかと言いますと，サタンの讒訴のない万物のすべてが入っています。その聖酒を頂き，真の父母と一つになった者が，それを永遠に汚した場合は大変です。サタンよりももっと恐しい立場に立つのです。サタンは長成期完成圏を汚し，蹂躙したのですが，祝福された者は，完成期完成圏を神の実体を犯した罪が残るから，永遠に許されません。恐しいことです。神はそのように考えます。生涯かけてこの道を開拓した先生も，そう考えます。あなたたちはわからないかも知れませんが，原理的に話を聞いてみた場合にまさしくそうです。もしもあやまるような場合は大変です。第三次七年路程が終わった場合，本当に厳しいです。私たちの戦争は愛の問題です。それは将来，許されません。」(『祝福を迎える一日』光言社，108頁)

〔『原理講論』の78頁には，人間は成長期間の長成期完成級で堕落したと記されています。「人間始祖の堕落の前後の諸般の事情と

復帰摂理歴史の経緯が実証する」とありますが，それ以上の記述はありません。今回は，まず人間始祖の堕落の前後の諸般の事情について深掘りし，考察してみることにします。

　原理の言う「讒訴」とは，人の失敗・欠点をあげつらい，批判・非難して，その人を陥れることだということです。日本語の元々の意味は，上位者に虚偽を含む内容を訴え告げることで人を陥れることです。「サタンの讒訴」と言うとき，サタンがだれに対して虚偽の訴えをするのか意味です。神がサタンの主人，サタンが神のしもべと思えませんし，そもそも神に讒言が通用するとも思えません。〕

4　血統転換のための最後の蕩減式

「血統転換のための，最後の蕩減式が三日行事です。

　聖酒式を終えた段階では，男性は霊的にはアダムですが，実体的には天使長です。本然のアダムとなるためには，霊肉共に血統転換されなければなりません。

　三日行事とは，男性が実体的に血統転換されて，本然のアダムになり，女性との間に，本然の夫婦として出発する式なのです。

　式の一日目において，男性は，真のアダムと女性との間から生まれた，という位置に立ちます。堕落によってアダムは，天使長とエバの間から，悪なる息子として生まれたので，その逆の経路をたどるのです。

　真のアダムを父とし，女性を母として，その間から，男性は本然のアダムとして生み出されるのです。ですから，一日目は，母としての女性が主体です。

　さらに，本然のアダムとして生まれた男性が，結婚する年齢，すなわち，長成期の完成級まで成長するというのが，二日目です。ですから，二人の関係は，母と息子です。母が息子を長成期の完

成級まで，育てていく立場ですから，二日目も女性が主体となります。

　そして，三日目は，成長したアダムと共に女性が，本然の夫婦として出発するのです。夫婦というのは本来，男性が主体です。それゆえ，三日目は男性が主体となります。

　三日行事には，以上のような重要な意味があるのです。これは，非常に厳粛なる式であって，霊肉共に神の血統圏に帰っていく最後の式なのです。また，天地が公認した，永遠の夫婦として出発する瞬間でもあるのです。

　ですから，結婚式を終えても，三日行事前においては，女性が主体です。

　聖酒式によって，原罪はない立場となりましたが，夫婦の実体関係においては，エバと天使長という関係です。ですから，三日行事を行うまでは，夫婦関係があってはならないのです。それは，アダムとエバという夫婦の立場に，まだ立っていないからなのです。

　エデンの園において，エバと天使長は，どうあらねばならなかったのでしょうか。

　彼らは夫婦関係をもってはいけない時に，夫婦になってしまったのです。それが堕落でした。したがって，今の段階で皆さんが，夫婦の関係を結べば，堕落を繰り返すことになります。」（『祝福』〔統一教会の雑誌〕1995 年秋季号 86，121–122 頁）

「三日行事」は結婚後の性的なことを教義的に意味づけて，詳細に定めたものです。この儀式は文鮮明教祖と韓鶴子氏の写真の前で行われます。儀式を行うときに何か間違いがあれば，統一協会の本部に伝えなければなりません。このことについて，1989 年 9 月 5 日の「三日儀式のマニュアル」（三日行事と恩赦）を以下に掲載しておきます。

三日行事と恩赦

　実体蕩減復帰のための重要な意味をもつ「三日行事」は、恵みであると同時に又、一つ間違えば、特別な天の許し（恩赦）を受けなければならないという、おそろしいものであります。深い悔い改めと感謝の祈りを捧げつつ、天的な知恵をもって、内容を正しく把握して下さい。

Ⅰ. 七ヵ月聖別条件の恩赦について

1. 三日行事の失敗は恩赦の集会に出て、七ヵ月聖別条件を立てた後、再び集会で祝祷を受けなければなりません。その家庭の全ての子女は祝祷に参加して、聖酒式をし奉献の祈祷を受けます。その後に「三日行事」のやり直しをしなければなりません。
尚、三日行事のやり直しは、必ず新しい聖巾を使用しなければなりません。

2. 相対者間で、三日行事をせずに一線を越えた場合は、1と同様に七ヵ月の聖別条件を立てる恩赦を受けなければなりません。

　　＜一線を越えるとは＞
　　　内的には、あくまでも神と個人の本心の問題でありますが、外的には、わずかでも挿入があれば一線を越えたことになるというみ言です。

60

Ⅱ．恩赦にひっかかる三日行事の失敗内容

	失敗（恩赦をうけなければならない）	正しい「三日行事」
聖巾	① 聖巾を使わなかった。 ・聖巾をひたした水にタオルを入れ、それで身体をぬぐった。	A．必ず三日間聖巾の式を行う。 B．聖巾で身体をぬぐう。
	② 一枚の聖巾を二人で使った。 ・一枚を紛失し、もう一枚を二つに切って使った。	C．各自の聖巾を三日間使い、混同しない。
	③ 聖巾を混同した。	
	④ 洗濯した聖巾を使った。	
	⑤ 一度「三日行事」に使用した聖巾を再び使った。	D．「三日行事」をやり直す場合は、その都度、新しい聖巾を使用する。
	⑥ 乾いた聖巾を使った。	E．聖巾は必ず冷水に浸して使う
	⑦ 一つの容器に二人の聖巾を一緒に入れて使った。	F．聖巾は各々別の容器に入れて使う。
体位	① 一日目、二日目、男性上位で行った。	A．一日目、二日目は女性上位で行う。 （一瞬でも逆転してはならない。）
	② 三日目に女性上位で行った。	B．三日目は男性上位で行う。

	失敗（恩赦をうけなければならない）	正しい 「三日行事」
愛の行為	挿入しなかった。	挿入して射精することが原則であるがそれが困難な場合、最低挿入はしなければならない。
三日間で行う	① 二日間で、三回行ってしまった。（或いは一日で） ② 四日以上かけて「三日行事」を行った。	A. 三日間で行う。 一日の数え方は0時～0時というものではない。夜7時に始めたが、午前3時に終了したという場合もありうる。 B. 必ず三日間続けて行う。生理等やむをえず三日期間の間隔をあける時は必ず家庭部の承認を得ること。
脱線行為	「三日行事」の期間中に式以外に脱線行為を行った。	・「三日行事」を完了するまでは、その中間に脱線行為は一切しない。
その他	「三日行事」を全く行わなかった。	必ず「三日行事」を行う。

※ 聖巾を紛失した場合は、七日間断食条件の後、再交付致します。
※ 再祝祷を受けた後に新しい聖巾を交付します。

〈証言〉（アメリカ人）

1　伝統的な結婚式

　結婚式は，愛し合う二人が結ばれることを祝うもので，多くの人がこのときに喜びを覚えます。二人は慎重に人生の伴侶者を選び，そして結婚を公に宣言します。親族や来賓の人たちも喜びをもって式に臨みます。二人を取り囲んで皆が励まし，サポートします。司式者の役割は非常に重要ですが，式自体は司式者のためにあるわけではありません。披露宴には笑いと美味しい食事があり，大きな喜びがあります。そのときに撮った写真は大切な思い出となります。

2　合同結婚式

　統一協会の合同結婚式は，これとは全く違います。文鮮明氏は，「理想家庭による平和な世界」というスローガンを掲げていますが，結婚式に対する一般的な好意をうまく利用しているのです。統一協会の集団結婚式はいつもマスコミで報道されますが，これは文鮮明氏と韓鶴子氏が権威と権力をもつ人物であることを示すために演出したものです。多くのカップルは，文氏と韓氏のドラマの中のちょっとした役者にすぎないのです。すべては大規模な宣伝です。注目されるのは，文氏と，苦悩する妻・韓氏です。

　文鮮明氏は 40 歳。17 歳の韓鶴子氏と結婚するまで，何人もの妻をもち，何人もの子どもをもうけました。シカゴ・トリビューン（Chicago Tribune）の記事「統一協会，セックス・カルトから追跡（Moon church traced from sex cult）」（1978 年 3 月 27 日）によると，下院小委員会が公開したかつての政府の機密文書には，「いわゆる『ムーニー』協会が，韓国の小さなセックス・カルトから世界規模の組織へとその起源をたどる。……外交文書には，協会の家長，文鮮明氏が『聖書を性的用語で解釈する』韓国のカルトを率いている」と書かれていました。1966 年の公電には，性的関係を伴う入

信儀式が記されています。文氏はかつて，この組織での不倫のために逮捕されました。

　合同結婚式のたびに，ムーン文鮮明氏と韓鶴子氏が，王冠と本物の金で縁取られた白衣を身にまとい，盛大に登場します。行列は威厳のあるメシア的な音楽とともに行われます。舞台は高台にあり，赤い絨毯が敷かれています。絨毯は常に赤で統一され，通常 20 人ほどの参列者がお揃いのローブを着ています。まさにスペクタクル，劇場です。

　カップルは整然とした列を作ります。まるで軍隊のパレードのように，列がまっすぐになるように協会関係者が走り回っていたのを覚えています。ひねくれた人なら，振りつけがうまいヒトラーの集会と同じだと思うかもしれません。文鮮明氏は，1934 年のニュルンベルクでのヒトラーの集会を撮影したリーフェンシュタールのドキュメンタリー映画『意志の勝利』を研究していたといわれています。新郎新婦の服装は兵士たちと違うかもしれませんが，指導者に焦点を当てるところはよく似ています。

　夫婦の愛と尊敬は，健全な家庭を築くための基礎となります。文鮮明氏と韓鶴子氏による壮大な誓いは，主として理想と「真の父母様」の模範を尊重することに言及したものでした。

　イベントの最後に，カップルの列はステージに向かい，両側とムーン（文鮮明氏と韓鶴子氏）に一礼し，全員で「万歳」を叫びます（およそ「10,000 年の勝利」の意味）。

　伝統的な結婚式では，司式者はカップルと祭壇の間に立ちます。統一協会の合同結婚式はそうではありません。文鮮明氏と韓鶴子氏の後ろに祭壇はありません。二人が礼拝の対象なのです。二人が座る豪華な玉座が二つある場合もあります。文鮮明氏は人生の最後の数十年間，自分が神であると宣言していました。韓鶴子氏もそうでした。

　文鮮明氏と韓鶴子氏の合同結婚式には，カップルの親族や来賓はほとんどいません。私の結婚式が終わったときは，妻と一緒にアリーナを歩き回ったことを覚えています。手をつないだわけでもありません。ただ，知り合いがいないかどうかを確認しただけです。けれども，だれ一人いませんでした。私たちは見知らぬ人の中の見知らぬ人だったのです。

　カップルの多くはお互いのことをあまり知らないかもしれません。本当は文化の違いは軽視できないことです。文鮮明氏と韓鶴子氏は，カップルの将来の関係についてはほとんど気にすることなく，ムーニーの赤ちゃんをたくさん産むことを奨励しているだけです。文鮮明氏は，夫婦関係はそれぞれの責任であると述べています。統一協会の教えでは，夫婦仲が悪くなるのは，先祖の罪，あるいは民族の罪のせいだからです。

３　マッチング

　欧米においては，お見合い結婚はあまり一般的ではありません。文鮮明氏と韓鶴子氏のマッチングはどのようにして西洋の人々に受け入れられるのでしょうか。

　２枚の写真を合わせることもあります。メンバーたちは，自分が先祖代々の罪と個人の罪に満ちていることを繰り返し教え込まれています。自尊心が損なわれています。日常的に講演会のワークショップに参加するように言われています。教化は刷新され，深化します。メンバーたちは，「しもべのしもべ」という卑しい立場から出発して，信仰の道を教えられます。聖書の人間堕落の物語では，アダムとエバがお互いを選んだ。その焦りと不従順さを逆転させるために，メシアである文鮮明氏が介入して，永遠の伴侶の選択をしなければならない。そして，文氏には，先祖を何世代にもわたって見る力があるので，最高の縁組みをすることができる。そのように言

われました。しかし，実の兄妹，姉弟を引き合わせた例が何度もありました。

　私たちが受け継いだ原罪を解決するには，罪のないメシアである文鮮明氏の祝福を受けるしかないと教えられてきました。私たちの黒い汚れが清められるのは，定められた宗教的な懺悔と，私たちに伝えられたすべての規則に従順に生きること以外にありません。そして最後に，懺悔書を書き，多額の"祝福"料を支払わなければなりません。長年の努力と悔恨の末に，私たちは，血統を清める文鮮明氏と韓鶴子氏の高貴な「祝福」を受けることができるのです。

　4　「理想の家庭」というスローガン
　1970年代から80年代にかけて，多くの親が，小さな弱い乳児を，わずか生後100日には集団保育に引き渡すように言われました。こうした保育施設は，人手不足であることが多く，また違法であることがほとんどでした。

　洪蘭淑氏は文鮮明氏の元義理の娘ですが，次のように証言しています。

　「確かに，自分や自分の兄弟姉妹が一部の子供たちよりも幸運だったのはわかっている。文師の信者のなかには，説教をするために娘や息子を孤児院に置き去りにする者もいた。少数の人びとは二度と子供のところにもどらなかった。」（『わが父　文鮮明の正体』文藝春秋，46頁）

　メンバーは真の父母様を，自分自身，配偶者，子どもよりも愛するように教えられました。

　おわりに
　振り返ってみると，私は，統一協会での独身生活から結婚生活への突然の切り替えに対して，ほとんど準備ができていなかったよう

に思います。私たちはいつも，異性との感情的，肉体的な接触を避けるように言われてきました。また，「神様を中心に，縦に考えよ」「横の関係はもつな」と言われ続けてきました。睡眠不足と摂理のために働くという絶え間ないプレッシャーが，ある種の人間関係のスキルを身につけることを難しくしていたのです。結婚してからも，統一協会の存在と要求が常にありました。しかし，子どもたちがやがて，『原理講論』の人間堕落の解釈について疑問をもつようになりました。文鮮明氏の婚外性交も暴露されました。信仰の根幹が崩れたのです。

　多くの祝福家庭が，文鮮明氏と韓鶴子氏は人を操る名人であり，莫大な財産をもっていることを知ることになりました。彼らの宮殿の一つは 10 億ドルもかけて建てられました。文鮮明氏と韓鶴子氏は明らかに他人のために生きてはいません。統一協会の多くの出版物を飾っている「真の父母様」の写真の裏側で，文鮮明家族は完全に機能不全に陥っています。決して理想家庭ではないのです。(The Fall of the House of Moon – New Republic link － https://newrepublic.com/article/115512/unification-church-profile-fall-house-moon)

Ⅸ 霊　界

統一協会の信仰の中で，統一原理の霊界の教えは重要な役割を担っています。メンバーたちの心理状態と行動を理解するために，これも見ておく必要があります。

1　人間の二重構造

統一原理によれば，神は人間を，目に見える「肉身」と，目に見えない「霊人体」の二重構造で創造したということです。霊人体は肉身と同じ様相をしています。人間は死ぬと肉身がなくなりますが，霊人体は霊界に行って，永遠に生活をするようになるということです。

神は世界を創造したときに，最初から霊界と地上界の両方を造った。人はみな，地上で生活し，死んでから，霊界に行くこととなるとのことです。

人は死ぬと，霊人体が頭から抜けて，霊界へ行く。地上界における生活でどのような生き方を送ったかが，霊人体の成長となって現れる。人間が霊界に行って重要なのが，自分の霊人体がどういうふうに成長してきたかということである。そのことによって，霊界のどこへ行くのかが変わってくる，というのです。さらに，地上界における生活で罪を犯したなら，霊界へ行く前にそれを清算する必要がある。地上で生活する間に，自分の犯した罪を清算することができる。しかし，霊界へ行ってからは，自分で清算することは不可能である，ということです。

2 霊界と地上界

霊界と地上界との関係は，人間の心と体のようなものだといいます。人間に似せて造られた被造世界も，無形実体世界（霊界）と有形実体世界（地上界）の二重構造になっています。この二つの世界は人間を媒体として交流し，授受作用をしているとのことです。そして人間は，無形実体世界を霊的な五官で感じ，有形実体世界で事象を肉体の五官で感じるというのです。俗に第六感というのは，霊的五感を総称した内容であるとされます。

元来，人間は2種類の栄養素によって生きるように創造された。自然界より摂取する栄養によって肉身を生かし，神の語るみ言（生素）と，良いことをするときに肉身から霊人体に送られる生力要素によって霊人体を生かし，成長するように創造されている。ところが人間が堕落してしまったために，神のみ言を直接受けられなくなってしまった，ということです。（小山田秀生『霊界とこころ』光言社ミニブックス，22-23頁）

最初，神は霊界に天国しか造らなかった。けれども，アダムとエバの堕落によって地獄が生じてしまった。そして，人は神に与えられた天国へ行く方法がわからなくなり，不安や恐怖を感じるようになった，というのです。

3 霊界の解放

統一原理では，統一協会のメンバーの活動が，霊界で苦しんでいる先祖を救い，現在この地上界で生活する家族への救いにもつながっていると教えています。

生前に地上で犯した罪を清算できない場合は，霊人たちは霊界へ

行ってから，永遠にその刑罰を受けて生活をしていくことになる。地上にいたときに銃やナイフで殺人を犯したときには，霊界で同じように銃で撃たれ続けたりナイフで刺され続けたりすることになる。

　霊人たちは，地上にいる家族や子孫の祈り，献金などの働きかけによって，煉獄の苦しみから解放されることが可能である。けれども，地上で生活する大部分の人はこの重要なことを知らないために，自分たちの先祖たちが霊界で長く苦しんでいる。やがて地上にいる家族や孫も，体の調子が悪くなる。これは先祖が犯した罪からくることである，ということです。

　霊界では霊人たちは地上で生きている人を通じなければ，今の自分の苦しい状況から解放され，罪を脱ぎ去ることができない。そのために地上で暮らしていた場所に必ず行くことになる。自分の家族や孫たちを訪ねて，自分たちの悪い状態を訴える。ところが，その家族や孫たちがそのことに気づかないため，病気になったり，災難が起きたり，事故に遭ったり，いろいろな異変を経験することとなる。こうしたことを理解して，先祖のために祈ったり献金したりすれば，先祖は一歩一歩自分の罪から解放されるようになる。

　このように霊界解放を受けている先祖たちは，今の位置からもっと良いところへ移っていき，暮らしも楽しくなる。また，家族や孫たちも霊界解放をすることによって，地上で平和の中に暮らせるようになる，というのです。

　多くの元メンバーらの証言によると，霊界解放は，父方の直系をたどる先祖と母方の直系をたどる先祖の180代までの解怨が必要であると教えられたということです。このためには1代から7代まで70数＝70万円を払わなければなりません。統一協会は，この1代から7代までの解怨が一番大切であると言っています。もちろん，残りの先祖のためにもいろいろな献金を払わなければなりません（7代以降は7代ごとに3数，3万円）。

統一協会のメンバーたちは，こうした献金を払うために一所懸命
にお金を集めます。多くのメンバーが借金までします。彼らはもう
一つ重要なことを信じて，献金します。それは，先祖が解放されれ
ば，人類の最初の先祖である神の心情の解放にもつながり，神がと
ても喜ぶということです。

4 霊界で先祖の祝福（合同結婚）

統一協会は，文鮮明教祖が霊界で先祖のために祝福（合同結婚）
をすると教えています。祝福を受ける前には，霊界の文興進〔文鮮
明教祖の亡くなった次男〕が中心となり，数名の講師陣による統一
講義を受けなければなりません。そのために，地上の子孫には100
日間の蕩減条件と献金が必要となります。そして，霊界での講義が
終われば，先祖が霊界で無事に祝福を受けることができます。その
ときは，子孫も清平〔韓国にある統一協会の聖地〕へ行って，祝福式
に参加しなければなりません。その祝福式を済ませなければ，いつ
まで経っても，先祖は絶対善霊（絶対的に善なる霊人体）にはなれ
ないのです。祝福式に参加するためには，さらなる献金を求められ
ます（祝福献金）。（1–7代＝140数＝140万円。7代以降は7代
ごとに1数，1万円）

5 統一協会の霊界の構造

霊界は四つに分けられています。

(1) 天国
ここには，まだだれも入っていません。
「天国とは，どのような所ですか。神様の愛が中心になってい

る所です。神様の愛を中心とした環境圏を設定した所が天国です。それでは，その圏に行ってとどまる人は，どんな人でなければならないのでしょうか。神様の愛の本質と和合できる人にならなければなりません。そのような人以外には行くことができません。」
（文鮮明『人間の生と霊魂の世界』光言社，221-222頁）

『原理講論』の219-220頁には次のように書かれています。

　「今までのキリスト教信徒たちは，原理を知らなかったので，楽園と天国とを混同してきた。イエスがメシヤとして地上に降臨された目的が完成されたならば，そのとき，既に地上天国は完成されたはずである。この地上天国で生活して完成した人間たちが，肉身を脱いで生霊体を完成した霊人体として霊界に行ったならば，天上天国もそのときに完成されたはずである。けれども，イエスの十字架の死によって，地上天国が実現できなかったので，地上で生霊体を完成した人間は一人も現れなかった。したがって，今日まで生霊体の霊人たちが生活できるように創造された天上天国に入った霊人は一人もいない。ゆえに，天上天国はまだ空いている。」

(2) 楽園

ここは，イエスやクリスチャンが，天国の門が開かれるまでとどまっている所です（『原理講論』219-220頁）。

　「楽園は，天国と地獄の中間地点にある所だとすべての者が考えていました。しかし，ここ霊界で見た楽園は，地上で考えていたものと違っていました。楽園や中間霊界は，地上で考えているようにきっちりと境界線を引いて説明することはできません。例えば，オーストラリアには，オーストラリア人だけ暮らしているのではないのと同じです。そこでは，いろいろな国の人たちがグループを形成して暮らすように，よく気が合う人たちが集まって

暮らします。」(『霊界の実相と地上生活』光言社，37 頁。李相軒先生が霊界から送ったメッセージ)

⑶ 中間霊界

ここは，イエスを信じていないが，良心的な生き方をした人たちが入る所です (『原理講論』228-230 頁)。

「ここでの暮らしは，天国のようでも地獄のようでもなく，地上生活と似ていました。食事時間に例えれば，厨房（ちゅうぼう）で働く人，御飯を炊く人，器を洗う人，食べ物を用意する人がいて，みんな共に苦労して，苦労した程度の代価をもらっている所です。

また，人々の表情を見れば，天国では明るく，地獄では不安な顔ですが，ここではいつも休まずに熱心に働いて忙しい様子です。すべての人が熱心に暮らしながら福を受け，豊かに暮らしていますが，神様と宗教に対して関心さえない所です。」(『霊界の実相と地上生活』34 頁。李相軒先生が霊界から送ったメッセージ)

⑷ 地獄

ここは，地上で悪いことをした人たちが入る所です。

「地獄は，お腹が空いて，つらさ，ねたみ，妬（と），不便なものがあまりにも多い所です。いつもつらいから，けんかしかすることがないのです。すべて不便です。

例えば，天国は安心して歩く自由がありますが，地獄は自分の思いどおりになるものが一つもない所です。思いどおりにならないから，人のものを奪ってきて，盗み食います。地獄とは，人間の世の中で考えるより，ずっと想像しにくい所です。」(同書，31-32 頁。李相軒先生が霊界から送ったメッセージ)

6 霊人体の行き先

　統一原理では，アダムから再臨主（文鮮明教祖）が再臨するまで
6000年間があると教えています。この6000年の期間と，再臨主
が地上に来てからの期間に亡くなった人々の霊人体はどのように復
活（サタンの圏内から神の圏内に帰っていくこと）するのか，そし
て霊界の中でどういう所に行くのかは，次のように説明しています。

(1) アダムからアブラハムまでの2000年間（復活基台摂理時代）

　神は，アダムの家庭から復活摂理を始めましたが，アダムと彼の
家庭が失敗したため，その摂理は延長されてきました。神は2000
年後，信仰の祖アブラハムを立てて，初めてその摂理が始まりまし
た。

　　「アダムからアブラハムまでの2000年期間は，結果的には次
　の時代に入って，復活摂理ができるその基台を造成した時代とな
　った。ゆえに，この時代を復活基台摂理時代と称するである。」
（『原理講論』217頁）

(2) アブラハムの時からイエスまでの2000年間（蘇生復活摂理
時代）

　　「この時代における人間は，律法を遵守することによって，そ
　の霊人体が肉身を土台に蘇生復活して，霊形体を完成したのであ
　る。地上で霊形体を完成した人間は，肉身を脱げば，その霊人体
　は霊形体級の霊界〔中間霊界〕に行って生きるようになるのであ
　る。」（同書，218頁）

(3) イエスから再臨主（文鮮明教祖）までの2000年間（長成復

活摂理時代）

「この時代における人間は，福音を信ずることにより，その霊人体が肉身を土台として長成復活して，生命体を完成するのである。このように地上で生命体級の霊人体を完成した人間は，肉身を脱いだのちに，生命体級の霊界である楽園に行って生きるようになる。」（同書，218-219頁）

⑷ 再臨主が来てから（完成復活摂理時代）

「この時代における人間は再臨主を信じ侍って，霊肉共に完全に復活され，その霊人体は生霊体級を完成するようになる。このように地上で生霊体を完成した人間が生活する所を地上天国という。そして，地上天国で生活して完成した人間が肉身を脱げば，生霊体の霊人として，生霊体級の霊界である天上天国に行って生きるようになるのである。」（同書，219頁）

「蘇生」「長成」「完成」とは，神のもとに帰るための成長の３段階を表し，それぞれの霊人体を，霊形体・生命体・生霊体と呼びます。

〈証言〉

私は統一協会に入る前，霊界をあまり意識していませんでした。心霊写真や，ときどき霊感がある人を見ては，幽霊はいるんだなと思う程度でした。

統一協会に入ってから，自分の心には善なるものと悪なるものがあることを学びました。そして，その悪なるものには，サタンが囁きかけ，働いていると教わり，殺人事件もそれで起こっている，と聞きました。殺人を犯した人が「頭の中で声がした」，「自分でないだれかが働きかけた」などと証言している，と教えられました。悪

霊がその人に囁いた声であると教わり，統一協会では，それが霊人体の悪なる協助であると言われていました。地獄世界に引きずり込みたい悪霊がいるからだということでした。悪霊や，今生きている人の先祖で罪を犯した霊人が，救われるために生きている人に働きかけている，と聞きました。そして，良い行いをしていたり，今の時代に統一協会に導かれたりした人には，善霊が働いて，先祖の功労が高いと言われていました。

　霊界を隣り合うものと強く意識し始めたのは，礼拝や伝道に行くようになってからでした。そして徐々に実際の世界の中で，悪霊やサタン，神様や先祖の目を気にして生きるようになりました。

　霊界が自分の実際の世界と隣り合わせたものであると認識して，天国や地獄を考えたときに，どうしても天国に行かなければならないと思うようになりました。周りの人もすべての教えを受け入れ，従うことによって，いずれは天国へ行けると信じていました。行動として原理に沿った生活をすること，原理の世界，共同生活によるホームでの世界が天国により近い世界であると教えられていたからです。また，家族や友人，街頭の人もいずれは天国へ行くのだから，今はわからなくても，後でわかるはずだと思い，着物や宝石の展示会への動員や街頭での伝道に励みました。それが天国への近道切符になると思っていたからです。

　そして，起こっている現象には，善霊や悪霊，サタン，天使，神様が働いている，と教わりました。たとえば，2007年は摂理が勝利しなければならないときでした。「神様も必死に勝利を願っているが，サタンも必死だ。だから伝道で気を抜くと，自分自身や伝道対象者もサタンに奪われてしまう」と説いていました。私も必死になって伝道や信仰生活を送らなければいけないと思っていました。特に東京は，神様とサタンの奪い合いが壮絶な場所であると聞いていました。ある面で，自分はその摂理の大切なときに導かれた者で

あるという優越感をもっていました。その分，責任は重いと思って
いました。そして自分の行動が神様を喜ばせるものになるとすれば，
その反面，サタンに自分が奪われるかもしれないとの恐怖心ももっ
ていました。

　職場では看護師として働いていましたが，肺癌で亡くなる人を見
て，「この人の先祖が相当ひどいことをしてきたんだ。先祖は救い
を求めている。み言を求めているはず。だけど，その条件が足りな
かったのかな。この人も祝福を受けられずに亡くなってしまうん
だ」と思っていました。また，「子宮癌や子宮内膜症が増加傾向に
あるのも，私たちの先祖が韓国や中国の人たちに対して相当恨みに
なることをしてきたから，子孫である私たちにその恨みが病気とし
て出てきたんだ」と信じていました。子どもを産みたくない人が増
えてきているのも，韓国が日本の植民地だった時代，子どもを産め
なかっただけでなく，強姦された人が恨みをもって亡くなって，悪
霊となり，その恨みを現代の日本女性に対していだいているからで
ある，と聞いていました。

X 「役事」の儀式

　統一協会には，「役事」という儀式があります。体の細胞の中にまで入り込んだ悪霊を追い出すために，全身をひたすら叩き続けるというものです。堕落人間の体の中は悪霊で満ちており，それが悪いことを行うと教えられているため，みな必死な思いでこれに参加します。

　「役事」は，韓国にある聖地・清平^{チョンピョン}で行われます。統一協会では，清平が霊界に最も近い場所であり，そこ以外では悪霊を追い出す天使の力が働かないと教えています。さらに，そこは「復帰されたエデンの園」であり，天国に最も近い所であるということです。ところが最近は，メンバーたちに霊界の存在を感じさせ，「役事」に参加する際に祈願書を書かせてお金を集めるために，日本でも行われるようになりました。

　「役事」を行うときには，組織が決めた聖歌を，韓国語で大声を出して歌いながら，一列に並んだ前の人の背中を叩きます。全身を手で叩く行為（按手と呼んでいます）を，「相手—肩（前の人を叩く）—頭—顔—首—握手—胸—下部（生殖器）—腰（ペアになって相手を叩く）—足—腕—握手」の順でリズムに合わせながら2回繰り返します。

　これが終わってから，メンバーたちは「アボジー」（韓国語で「お父さん」という意味で，ここでは文鮮明教祖のこと）と長く叫びながら手を挙げ，もう一度自分たちの全身を力いっぱい叩きます。その後，「丹心歌」という組織の聖歌を韓国語で歌い，そして「丹心歌」の音楽だけを聞きながら全員で祈禱をします。この曲は，わが

「役事」の儀式。このように一列に並ん
で座って，前の人の背中を強く叩く。

身をささげるという決意を表す歌であるため，嗚咽（おえつ）しながら祈る人
も多くいます。そして，最後に3回「万歳」（韓国語でマンセー）
と叫んで，「役事」は終了します。この儀式は1時間以上続きます。
　組織はメンバーたちに，悪霊を追い出すためには，思いっきり叩
かなければならないと教えています。そのために中には，内出血や
網膜剥離を起こしてしまう人もいます。また，トランス状態に陥っ
て，幻覚を見たり，幻聴が聞こえたりする者，気絶して倒れてしま
ったりする者もいます。

1 「霊体験」をさせる準備

　統一協会はメンバーに，霊界にいる先祖を解放するためには清平
へ行く必要があると教えています。そして，メンバーたちはそこへ
行く前に，「役事」を通して引き起こされる「霊体験」について具

体的かつ詳細な説明を受けます。清平へ行っていないメンバーに，リアルな霊界の存在を意識させるために，「役事」に参加したメンバーの「霊体験」を聞かせます。たとえば，「天使を見ました」，「先祖の霊が降りました」，「解放される韓国人の霊を見ました」，「悪霊が抜け出る様子が見えました」〔悪霊は黒いそうです〕，「涙が止まりませんでした」など。

　さらに，組織の様々な出版物やホームページ上でも，清平での霊現象の情報をたくさん公表しています。こうしたことを通して，メンバーの頭の中に「役事」に参加すれば「霊体験」をする可能性があるというイメージを植えつけようとしているわけです。

2　「役事」によっての「霊体験」

　「霊体験」のイメージを植えつけられてから，メンバーたちは「役事」の儀式に参加します。参加したメンバーらによれば，「役事」で次のような「霊体験」をしたということです。「天使を見ました（光を見ました）」，「自分の体から悪霊が出ていくのを見ました」，「亡くなった両親と祖父母，そして主人の両親が一緒に出てきたので，驚きました」，「『役事』の間中，涙がとめどなく流れてきました（先祖が癒やされる涙）」，「自分の体から，亡くなった従軍慰安婦の霊が出ていったのを見ました」，「先祖の霊が解放されるのを感じました」。

　こうした「霊体験」によってメンバーたちは，文鮮明教祖と統一協会が教えている霊界の存在を100％信じるようになります。

　ある元メンバーは自分の「霊体験」について，こう述べています。「『役事』のとき，大きな黒いあざが私の両腕に現れました。それを見て，日本で聞かされていたメンバーの証しを思い出しました。その人も自分と同じように，『役事』の途中で両腕に大きな黒いあざ

が現れたと言ったのです。そのときに一緒に参加していたリーダーが『あなたの腕から，今，悪霊が抜けているから，黒いあざができたのです』と言ったといいます。そのことを思い起こし，自分も同じように腕から悪霊が出ているのだと解釈してしまいました。」

　ある元メンバーは「役事」の間に大きな光を見たといいます。「終わってから，一緒に参加していた統一協会の中心メンバーにそのことを話すと，『それは天使の光だ！』と言われました。それで，その光がそうであることを何の疑いもなく信じました。こうした『霊体験』をすることで，これまで文鮮明教祖に教えられていた霊界が本当に実在すると感じ，さらに深く霊界の存在を信じるようになりました。」

　またある元メンバーも，「役事」の間，ずっと涙が止まらなかったということです。その場にいたリーダーが，「あなたの先祖たちが解放されたことを喜んでいるから，涙が出ているのよ！」と言ったそうです。

3　「役事」による「霊体験」の影響

　この「霊体験」は，メンバーたちにとって「霊界」の存在がリアルなものとなり，確信に導くものとなります。こうしたことを土台にして，統一協会はメンバーたちに多額の献金を要求します。先祖を解放するためには聖地・清平での「役事」が必要だと言われ，そこへ行って「役事」に参加し，先祖の解放と救いのためにさらなる献金が必要だと指示され，それに従います。文鮮明教祖と組織に対する絶対的な信仰がそこにあるのです。

　清平での「役事」に参加し，さらなる献金を支払えない場合には，いまだ解放されていない先祖が様々な「悪事」を働く，と教えられます。そのためその恐怖心から，必死になってメンバーたちは献金

を集める活動に没頭するようになるのです。

　霊界や霊という存在は目に見えませんから、「役事」によって自分の中にいる悪霊がどのくらい抜けたのか、献金によってどれだけの先祖が解放されたのか、はっきりとはわかりません。それゆえ、文鮮明教祖と組織からいろいろな指示を受ければ、ただ言われるままに操られて、多額のお金を献金してしまいます。

　「霊体験」について統一教会はメンバーにこう言っています。「統一協会の中につまずくような問題や矛盾があったとしても、それはたいしたことではありません。あなたの身に起こった『霊体験』が真実の出来事であることを心に留めなさい。」

　こうしてメンバーたちは、統一協会の問題や矛盾に対する批判を目のあたりにしても、思考停止の状態になって、現実が見えなくなってしまうのです。

〈証言〉

　清平には、人為的に神体験をさせたり、霊界や先祖の働きを感じさせたりして、信者の信仰を強める効果があります。そこでは、統一協会の思惑によって異常な体験をする信者が数多くおり、私も例外ではありませんでした。清平は地上で唯一霊界とつながっている場所だと教えられているので、その場所で起こった様々な体験は霊界や先祖の働きだ、と信者はすっかり信じ込まされています。たとえば、「先祖解怨式」といって、大金を支払って、地獄にいる先祖を救う儀式がありますが、そこに参加したとき、実際に私も、「家族を救っていけるのか不安です」と先祖に祈ると、「大丈夫だよ」と言われているかのように先祖に手を握られている不思議な感覚に陥り、大泣きをして、氏族のメシアとして統一協会の道を進む決意をしたことがありました。この体験によって、献身をあらためて決意し、その後も統一協会の中で苦しいことがあったときに立ち返る

「信仰の核」となりました。いま振り返れば，祈祷の前に，「役事」
で全身を 1 時間近くも必死に叩き続けていたために手が痺れてい
たからだろうと思います。「先祖解怨式」で先祖が降りてくるとあ
らかじめ講師から説明を受けていたため，先祖に手を握られて会話
していると錯覚してしまったのです。
　こうした様々な操作によって信者は，人生が決定されるような重
要な体験を人為的にさせられ，さらに組織に縛りつけられていくの
でしょう。

XI　霊感商法

　記者会見で世界平和統一家庭連合（旧統一協会）は，霊感商法を
行っていることを強く否定していました。過去も現在も行っていな
いと説明していました。被害者と元メンバーの証言がどれほど多く
あっても，その事実を認めようとはしませんでした。

　統一協会は霊感商法を悪いことであると思っているのでしょうか。
メンバーたちに，これをどのように説明しているのでしょうか。

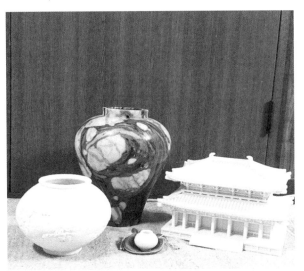

　『統一教会に疑問を抱くあなたへ——山崎浩子さんの手記を読ん
で』で，野村健二氏は次のように述べています（31-32頁）。（ちな
みに，野村氏〔1993-2016年〕は1966年，統一協会に入会し，
1969年，統一協会の合同結婚に参加しました。統一思想研究院顧
問でした。）

「文師は唯一の神のもとに世界一家族の統一世界を造るというこの仕事を，できうる限り早く，できれば存命中に達成したいと願っておられます。なぜなら，超人的な能力とあらゆる苦労をなめ尽くされた目に見える実体が失われてしまえば，世界を一つに収拾するという仕事は非常に困難になり，時間がはるかに長くかかってしまう恐れがあるからです。このような事情から，統一教会のメンバーのうちからは，自分の責任で，霊的な法則を活用して，人々に大きな福運と先祖の供養を授けることにより，その正当な報酬をこの神の摂理を早めるために用立てようと考える人々が出てきました。それが，マスコミで私たちの目から見れば，著しくゆがめて報道されるようになったいわゆる『霊感商法』なのです。

　95％の人々は感謝している

　これは，マスコミで悪宣伝がなされるまでは，大部分のところでうまく行っていました。壺，多宝塔，弥勒仏などを授かって，初水行や壺をみがく行をすることにより，それまでうまくいかなかったことが解決され，感謝状が山のように寄せられていたのです。」

野村氏によれば，霊感商法というやり方に，別に問題があるわけではないということです。それゆえ統一協会に責任はないのです。では，どうしてメンバーたちの中から，こんな考えが出てきたのでしょうか。地獄で苦しんでいる人々を救うために，どうして壺・数珠・多宝塔などを売ったのでしょうか。

　野村氏はその理由をこう述べています。それは，霊的な法則を活用し，人々に大きな福運と先祖の供養を授けるためです。そして神の摂理を早めるためです。この考えは，統一原理の霊界の教えと文鮮明の摂理の教えから出てきます。メンバーたちはそれを信じて，霊感商法を行ったのです。そのことについて多くの元メンバーが証

言しています。

　霊感商法により供養を授かった95％の人々が感謝しているとのことですが，残る5％の人々はどうなのでしょうか。彼らは感謝していないのです。マスコミによる批判的な報道で惑わされたためでしょうか。多くの被害者たちが訴えたので，マスコミが記事を書き，報道したのではないでしょうか。世界平和統一家庭連合（旧統一協会）は被害者たちの訴えを受け入れたでしょうか。感謝状が山のように寄せられていたので，5％の人々のことにまで考えが及ばなかったとでも言うのでしょうか。

　95％の人々が払ったお金はどこへ行ったのでしょうか。メンバーたちのポケットの中には全くありません。このことについても，多くの元メンバーたちが証言しています。それなのに，世界平和統一家庭連合（旧統一協会）は霊感商法を行っているという事実を認めませんでした。全く関係がない，責任がないと言っています。現実はどうでしょうか。

〈ミニ壺〉「日常で持ち運びやすいサイズで，持ち歩いて自分に寄って来た悪霊を吸い取ってくれる。小さいからすぐいっぱいになる。そのため，帰宅後部屋や礼拝堂にある大きな壺を近くに置く。すると，ミニ壺から大きな壺に勝手に悪霊がヒュンヒュンと移って行ってくれる。そして，ミニ壺は空になって，また使える。」（元メンバーによる説明）

XII　なぜメンバーは嘘をつくのか

　メンバーたちは，人をだますために勧誘しているのではありません。勧誘のときにいろいろな嘘をつきますが，そのことを悪いとは考えていません。彼らの良心が，文鮮明教祖の価値体系で作り変えられてしまっているからです。神のみ旨_{むね}のために必要であれば，嘘をついても構わないという教えです。その説明に，旧約聖書の物語をよく用います。

　文鮮明教祖は『訪韓修練会御言葉集』（光言社）の 127-128 頁で，次のように述べています。

　「エバは堕落したために，長男と父をだましたのです。アダムは子供です。神様は父です。父子をだましているのです。分かりますか？

　エバは堕落した時，アダムをだましたし，神様をだましているのです。これを蕩減復帰するには，反対の道をそのとおりに，目には目，歯には歯です。旧約時代は，そこで損_{そこ}なったとおりのものが傷付けられるようになるのです。エバは二人をだまして，長男と神様，お父さんをだましたから，復帰される過程においては必ず，神のほうに立ったエバの代わりの人が，長男とお父さんをだまさなければ，帰っていくことができません。」

　さらに，『御旨と世界』（光言社）の 131 頁で文鮮明教祖はこうも述べています。

　「堕落の過程において母親が，その堕落行為を先導し，息子がその行為を完結したのでありますから，両者は協力し合って，人間に堕落をもたらしたことになります。ゆえに復帰の過程におい

ては，この逆の経路をたどらなければならないのですから，ヤコ
ブの時には，母リベカと，次男ヤコブが，ヤコブの目標達成のた
めに共に協力し合ったのであります。

　堕落の過程において，エバは父親にうそをつき，自分の兄アダ
ムにうそをつきました。ゆえに復帰においても，リベカは，ヤコ
ブに祝福を得させるために夫にうそをつき，長男にうそをついた
のであります。」

「場合によっては神のみ旨のために嘘をつく必要がある！」　この
論理によってどんな「悪」であっても，最終的に「善」になるので
す。嘘をつくのは「悪」ですが，神のみ旨のための「嘘」は「善」
となります。統一協会の教育によってメンバーたちは，文鮮明教祖
と同じ考え方をもち，嘘をついても自分たちは「正しい」と主張す
るようになるのです。

　それゆえ，話をしても，全く進展がなく，多くの両親や夫たちが
バカにされているように感じたり，口喧嘩だけで終わってしまった
りします。けれども，親，パートナーや周囲の人たちが理解してお
きたいのは，それは本人が統一協会の教えと文鮮明教祖のことを信
じ込んでいるために，そうなっているということです。

　統一協会の堕落論によれば，人間は堕落したために自分の良心が
サタンに支配されている。それで，正しい判断が下せなくなってい
る。正しい判断をするためには，「絶対的な真理」が必要である。
そしてその真理は，文鮮明教祖が神からもらったものだけである。
それゆえ，文鮮明教祖の判断は絶対に間違っていない，ということ
です。

　統一協会は，人間の良心はサタンのものなので，それを否定し，
文鮮明教祖の判断に従い，教えられたとおりに考えることで，正し
い行動をとることができると教えています。文鮮明教祖の考えを疑
うというのは，堕落した良心で考えているからであるとします。メ

ンバーらは喜んで自発的に嘘をつくわけではありません。仕方なくそうしているのです。本当は嘘などつきたくないのです。心の中で葛藤を覚えながら，自分たちの判断を打ち消して，嘘を言っているのです。

統一協会のメンバーにとって，文鮮明教祖は，神の代身であるメシアであり，絶対的真理を知っている存在です。彼だけがこの世を救うことができるのであり，彼に絶対に従わなければならないのです。

文鮮明教祖は『御旨の道』（光言社）の 208 頁に，メンバーに対してこのように述べています。

　「命令に従順でありなさい。たとえその命令が正しくなくても従順であってみなさい。そうしたら，その命令を守ることによってその権限を代行するようになる。」

統一協会のメンバーの悲劇は，自分たちが組織と文鮮明教祖にだまされていることに気づいていないことであり，人を勧誘するときに自分が相手をだましていると理解していないところにあります。そして，誘われている人も，やがて自分たちがだまされていくことがわかっていないのです。そこに，統一協会の精神支配の恐ろしさがあります。

XⅢ 堕落性本性

統一協会の堕落論によると、「天使が神に反逆して、エバと血縁関係を結んだとき、偶発的に生じたすべての性稟を、エバはそのまま継承したのであり、こうして天使長の立場におかれるようになったエバと、再び血縁関係を結んだアダムも、またこの性稟を受け継ぐようになった。そして、この性稟が、堕落人間のすべての堕落性を誘発する根本的な性稟となってしまったのである。これを堕落性本性という」とのことです。(『原理講論』3色刷, 2003 年発行, 122 頁)

1　四つの「堕落性本性」

⑴ 神と同じ立場に立てないということ

「天使長が堕落するようになった動機は、神が愛するアダムを、神と同じ立場で愛することができず、彼をねたんでエバの愛を蹂躙したところにあった。君主の愛する臣下に対して、その同僚が、君主と同じ立場において愛することができず、ねたみ嫌う性稟は、とりもなおさず、このような堕落性本性から生ずるのである。」(同書, 123 頁)

⑵ 自己の位置を離れるということ

「ルーシェル〔注＝堕落した天使長〕は、神の愛をより多く受けるために、天使世界においてもっていたと同じ愛の位置を、人間社会においても保とうとして、その不義なる欲望によって、自己の位置を離れ、堕落したのであった。不義な感情をもって、自己

の分限と位置を離れるというような行動は，みなこの堕落性本性の発露（はつろ）である。」(同頁)

(3) 主管性を転倒するということ

「人間の主管を受けるべき天使が，逆にエバを主管し，またアダムの主管を受けるべきエバが，逆にアダムを主管するようになったところから，堕落の結果が生じたのである。このように自己の位置を離れて，主管性（しゅかんせい）を転倒するところから，人間社会の秩序が乱れるのであるが，これは，すべてこのような堕落性本性（だらくせいほんせい）から生ずるのである。」(同書，123-124頁)

(4) 犯罪行為を繁殖すること

「もし，エバが堕落したのち，自分の罪をアダムに繁殖させなかったならば，アダムは堕落しなかったであろうし，エバだけの復帰ならば，これは容易であったはずである。しかし，エバはこれとは反対に，自分の罪をアダムにも繁殖させ，アダムをも堕落させてしまった。悪人たちがその仲間を繁殖させようとする思いも，このような堕落性本性から生ずる思いなのである。」(同書，124頁)

2　「堕落性本性」による支配

この「堕落性本性」という教えは統一協会のメンバーたちに，精神的に強烈な影響を与えています。堕落性本性の四つの分類について，あらためて整理してみたいと思います。

(1) 神と同じ立場に立てないということ

人間は「堕落した」ので，神と同じ立場に立つことができない。

ところが文鮮明教祖はメシアなので，神と同じ立場に立っている。人間が再び神と同じ立場に立てるようになるためには，メンバーたちは，神の立場に立っている彼に従わなければならない。どんなことを言われても，どんな行動を求められても，たとえそれが道理にかなわないことであっても，彼に従わなければならない。メンバーたち自身が何かおかしいと思ったとしても，それは，人間が堕落してしまったことによって，そこに隠された神の深い意味を理解することができないためである。天使長ルーシェルの犯罪（堕落）を逆転させるためには，まず統一協会のメンバーが心に現れてくるすべての疑問（疑い）を屈伏させなければならない。

(2) 自己の位置を離れるということ

メンバーは，神によって与えられた自分の位置を保ち，自分の役割を果たさなければならない。もし自分の位置から離れ，役割を果たせなかったとしたら，そこにサタンが侵入する条件が生まれる。メンバーは，どんな犠牲を払ってでも，与えられた位置を保ち，役割を果たさなければならない。

神は，この時代の地上における最も重要な人物である文鮮明教祖を通じて働く。文鮮明教祖は個人にも国家にも位置と役割を与えている。たとえば，韓国にはアダム国家，日本にはエバ国家，アメリカには天使長（アダムとエバの召使い）国家としての位置と役割を与えている。それぞれの国のメンバーは，「復帰摂理」の路程に勝利するために，疑問や文句を言わずに，神の立場に立っている文鮮明教祖から与えられた責任を果たさなければならない。個人も国家も本来の位置を保てず，真の役割を放棄することで，神がこれまで計画してきた「復帰摂理」を失敗に至らせ，それを延長させ，神にさらなる苦痛を与えることになる。そのようなことを決してしてはならない。

⑶ 主管性を転倒するということ

　人間の罪には，「主管性の転倒」，つまり下剋上，支配と被支配の
関係をひっくり返すということが含まれている。これは統一協会に
おいては最低最悪な行為であり，上位者〔アベル，文鮮明教祖。現
在は韓鶴子総裁〕に批判や疑いの目を向け，反発することは神の怒
りを招くことになる。メンバーたちは，天使長ルーシェルがもった
のと同じ否定的な感情を再びいだくようなことがあってはならない。

　仮にメンバーたちが，自分よりも優れた能力をもつリーダーが間
違いを犯していることに気づいたとしても，その人に忠実に従わな
ければならない。罪深い性質を克服するという疑いようのない目的
をもって神がそのリーダーに役割を与えたことを受け入れなければ
ならない。メンバーたちは，カインがアベルを殺したことと，どの
ようなカイン的な思いも押し潰さなければならないこととを思い出
す。メンバーたちは「カイン的な思い」をすべて克服しなければな
らないのである。

⑷ 犯罪行為を繁殖すること

　メンバーは，否定的で批判的な思考はすべて自分の中に押し込め，
他のだれにも広めてはならない（上記「主管性を転倒するというこ
と」を参照）。堕落には罪の繁殖が含まれている。エバは性的に誘
惑され，その後アダムを誘惑した。そのために二人は神聖な関係を
確立することを許されなかった。それゆえ，メンバーたちは罪の繁
殖を恐れる。もし祝福を受ける前の二人のメンバーが，長時間一緒
に過ごすことがあれば，そのことをリーダーに報告しなければなら
ない。メンバー同士に愛情や友情が生まれないように注意を促すこ
とは，統一協会の活動に従事させ続けるための良い理由づけとなる。
あらゆる愛情と忠誠心は，真の父母である文鮮明教祖に対してのみ

向けられるべきだからである。

　この四つの分類の根本的な目的は，メンバーたちの自由な判断を
奪うことにあります。自分で判断したり考えたり決めたりするのは
罪となります。そうしないために，強烈な罪責感を植えつけます。
自分の判断と考え方を抑え込みながら，絶対服従する以外，道がな
いようにするのです。

XIV　カインとアベル

　カインとアベルの物語の統一原理の解釈は，メンバーたちに大きな心理的影響を与えます。この物語は創世記４章に描かれています。

　「さて，アダムは妻エバを知った。彼女は身ごもってカインを産み，『わたしは主によって男子を得た』と言った。彼女はまたその弟アベルを産んだ。アベルは羊を飼う者となり，カインは土を耕す者となった。時を経て，カインは土の実りを主のもとに献げ物として持って来た。アベルは羊の群れの中から肥えた初子を持って来た。主はアベルとその献げ物に目を留められたが，カインとその献げ物には目を留められなかった。カインは激しく怒って顔を伏せた。主はカインに言われた。『どうして怒るのか。どうして顔を伏せるのか。もしお前が正しいのなら，顔を上げられるはずではないか。正しくないなら，罪は戸口で待ち伏せており，お前を求める。お前はそれを支配せねばならない。』カインが弟アベルに言葉をかけ，二人が野原に着いたとき，カインは弟アベルを襲って殺した。」(1-8節，新共同訳)

1　アベルは神側，カインはサタン側

　「ところで，カインとアベルは，どちらもエバの不倫の愛の実である。したがって，エバを中心として結んだ二つの型の不倫な愛の行為を条件として，それぞれの立場を二個体に分けもたすべくカインとアベルを，各々異なる二つの表示的立場に立てるよりほかに摂理のしようがなかったのである。すなわち，カインは愛

の初めの実であるので，その最初のつまずきであった天使長との愛による堕落行為を表徴する悪の表示体として，サタンと相対する立場に立てられたのであり，アベルは愛の二番目の実であるがゆえに，その二番目の過ちであったアダムとの愛による堕落行為を表徴する善の表示体として，神と対応することができる立場に立てられたのである。」（『原理講論』3色刷，292頁）

2　供え物について

「神はアベルの供え物は受けられ，カインの供え物は受けられなかったが，その理由はどこにあったのだろうか。アベルは神が取ることのできる相対的な立場で，信仰によって神のみ意にかなうように供え物をささげたから（ヘブル11：4），神はそれを受けられた（創4：4）。このようにして，アダムの家庭が立てるべき『信仰基台』がつくられるようになったのである。……神がカインの供え物を受けられなかったのは，カインが憎いからではなかったのである。ただ，カインはサタンが取ることのできる相対的な立場に立てられていたので，神がその供え物を取ることができるような何らかの条件をカイン自身が立てない限りは，神はそれを取ることができなかったからである。」（同書，293頁）

3　カインとアベルによる支配

カインがアベルを殺したため，アダムの家庭を中心とする「復帰摂理」は成し遂げられませんでした。アベルは神側の位置に立っていたので，カインはアベルに従って，絶対に服従しなければなりませんでした。カインの責任分担は，アベルに従順に主管されることでした。しかし，カインは自分の責任分担を理解できませんでした。

神が自分の供え物を受け取らなかったときに愛の減少感（愛されていない思い）を覚えて，アベルを殺してしまいました。堕落性本性を脱ぐことができなかったのです。

⑴ 神と同じ位置に立てなかった
カイン（サタン側）は神と同じ位置に立って，神と同じようにアベル（神側）を愛するべきであった。

⑵ 自己の位置を離れた
カイン（サタン側）は，神側の位置にいるアベルを仲保として，アベルを通して神の愛を受ける立場を取り，自分の位置を守るべきであった。

⑶ 主管性を転倒しなかった
カイン（サタン側）はアベル（神側）に従順に屈伏し，彼の主管を受ける立場を取って，主管性を正しく転倒するべきであった。

⑷ 善を繁殖する立場を保てなかった
堕落性を脱ぐためには，カイン（サタン側）が，自分よりも神に近い位置にいるアベルの相手になることによって，アベル（神側）から善のみ言（ことば）を伝え受け，善を繁殖するという責任を果たす立場をとるべきであった。

〈証言1〉
統一協会の中では，自分よりも神に近い立場の人がアベルで，自分はカインの立場になります。区域長，教会長や先輩はアベルになるので，メンバーたちはアベルの指示に従うことで神のもとに戻ることができます。

そういうわけで，カイン（後輩）はアベル（先輩）に絶対服従しなければなりません。カインの責任分担は，感謝しながらアベルに従順に主管されることです。これが守られないことがアベルとカイ

ンの問題であると呼んでいます。

〈証言 2〉

メンバーは，何が正しいのかをアベル（上司）は知っていると信じ込んでいます。アベルは愛をもって指示している，と。メンバーはサタンからの誘惑を受けないように，アベルに屈伏しなければなりません。アベルの指示によって，サタンの誘惑から守られるのです。おかしいと思っても，そこに隠された神の深い意味を理解しなければなりません。メンバーはサタンからの誘惑を受けないように，自分の欲望を捨てなければなりません。

統一協会によると，このような屈伏は強制されるわけではありません。神は相手の自由意志を圧殺するような強制ではなく，愛と真理によってメンバーを納得させるので，本人が自然に神に従うようになるというのです。このことを統一原理では「自然屈伏」と呼んでいます。メンバーはこれを信じ込んでいるため，強制的にアベルに従わされたとは思っていません。自分の自由意志で従ったと信じ込んでいるのです。これによって「堕落性本性」を脱ぐことができるというわけです。

〈証言 3〉

教会から献身するように求められたとき，私は家に帰って，嘘をつかずに両親を説得するつもりでいました。説得する自信があったのです。ところが，私のアベル（上司）はそうすることに反対しました。両親の考えにサタンが入っているから，献身の話は家族にするべきではないと言ってきました。そして，嘘をついてでも統一協会に戻ってくるように強く指導されました。

そのころのことを振り返ると，統一原理によって，自分の自由意志ではなく，別の意志へと誘導されたのだと思います。

これはカインとアベルについての文鮮明教祖の言葉です。

　「生活する中においてカイン，アベルを分別しなさい。ぶつぶ
つ言えばカインである。アベルを中心として団結しなければなら
ない。」（文鮮明教祖『祝福家庭と理想天国』光言社，303頁）

XV　自由の原理的意義による支配

『原理講論』（3色刷）の125-126頁に「自由と堕落」についての説明があります。最初に書かれているのは自由の原理的意義についてです。次のように書かれています。

「自由に対する原理的な性格を論ずるとき，第一に，我々は，原理を離れた自由はない，という事実を知らなければならない。そして，自由とは，自由意志とこれに従う自由行動とを一括して表現した言葉なのである。前者と後者とは，性相と形状との関係にあり，これが一体となって初めて完全な自由が成立する。それゆえに，自由意志のない自由行動なるものはあり得ず，自由行動の伴わない自由意志というものも，完全なものとはなり得ないのである。自由行動は，自由意志によって現れるものであり，自由意志はあくまでも心の発露である。しかし，創造本然の人間においては，神のみ言，すなわち，原理を離れてはその心が働くことができないので，原理を離れた自由意志，あるいは，それに基づく自由行動はあり得ない。したがって，創造本然の人間には，原理を離れた自由なるものはあり得ないのである。

第二に，責任のない自由はあり得ない。原理によって創造された人間は，それ自身の自由意志をもって，その責任分担を完遂することによってのみ完成する（前編第一章第五節(二)(2)）。したがって，創造目的を追求していく人間は，常に自由意志をもって自分の責任を全うしようとするので，責任のない自由はあり得ないのである。

第三に，実績のない自由はない。人間が，自由をもって，自身

の責任分担を完遂（かんすい）しようとする目的は，創造目的を完成して，神を喜ばせ得るような実績を上げようとするところにある。したがって，自由は常に実績を追求するがゆえに，実績のない自由はあり得ないのである。」

1　「自由に対する原理的な性格を論ずるとき，第一に，我々は，原理を離れた自由はない，という事実を知らなければならない」

この「原理」とは，統一原理の教えです。その「原理」という教えの枠から離れるとき，そこに自由はない。この教えには絶対に服従しなければならない。それが何かおかしいと思っても，そこには神の教えの深い意味が隠されていると理解しなければならない。この「原理」の枠に従っているとき，そこに自由がある。こうした原理的な自由の行動は，統一協会のメンバーの考え方，判断，感情，性的なことにまで至っています。

絶対服従について文鮮明教祖はこう言っています。

「絶対服従とは，常に自分の観念がない立場です。存在しているという観念もありません。」（『後天時代の生活信仰』光言社，65頁）

「『絶対服従』という言葉の意味の中には，自分の意識がありません。意識がある限り，それは従順です。服従とは，意識がないのです。」（同書，66頁）

2　「責任のない自由はあり得ない」

「原理によって創造された人間は，それ自身の自由意志をもって，その責任分担を完遂（かんすい）することによってのみ完成する。」　その責任分

担とは何でしょうか。それは，献金，勧誘，経済活動，政治活動などです。文鮮明教祖，現在は韓鶴子総裁が神の摂理のために考えている活動です。そのためにメンバーたちは，原理という教えに従った自由意志によって，この責任分担を果たすために，100％の努力をするのです。できないときには，それはメンバーたちの責任が足りなかったからです。そして，原理の教えの自由意志から離れたからです。

3 「実績のない自由はない」

『原理講論』によれば，実績のない自由はないということです。メンバーたちが原理に従った自由意志によって，人間に与えられた責任分担を果たすときに神を喜ばせます。これが創造目的です。献金，勧誘，経済活動，政治活動を行うときに，神を喜ばせます。地獄で苦しんでいる人々を救うために，壺・数珠・多宝塔などを売るときにも，神を喜ばせます。協会は「人情より天情」と教えています。そのために嘘をついて良心の呵責を感じたとしても，神の立場に立たなければなりません。責任分担を果たせば神が喜ぶので，人情よりも天情に立った嘘ならば大丈夫であるとなるのです。〔注＝人情とは，自分を中心とする思い。特に自分の家族や友人を愛し，優先する気持ち。天情とは，天を中心とする思い。何よりもまず天（神・文鮮明・統一協会）を愛し，優先する気持ち。〕

　メンバーたちはこの原理的な自由に支配されながら，統一協会の社会の中で生きています。この自由には，二つの選択があるようです。「従う」か「従わない」かです。けれども，二つの道があったとしても，統一協会のメンバーに「従わない」という自由がはたしてあるのでしょうか。

参考文献

郷路征記『統一協会の何が問題か――人を隷属させる伝道手法の実態』花伝社，2022 年

櫻井義秀『統一教会――性・カネ・恨から実像に迫る』中公新書，2023 年

文藝春秋編『統一教会 何が問題なのか』文春新書，2022 年

山口広・佐高信・川井康雄・阿部克臣・木村壮・中川亮・久保内浩嗣『統一教会との闘い――35 年，そしてこれから』旬報社，2022 年

有田芳生『改訂新版 統一教会とは何か』大月書店，2022 年

多田文明『信じる者は，ダマされる』清談社 Publico，2022 年

紀藤正樹『カルト宗教』アスコム，2022 年

鈴木エイト『自民党の統一教会汚染 追跡 3000 日』小学館，2022 年

冠木結心『カルトの花嫁――宗教二世 洗脳から抜け出すまでの 20 年』合同出版，2022 年

小川さゆり『小川さゆり，宗教 2 世』小学館，2023 年

菅沼光弘『元公安調査庁 2 部長が教える「統一教会」問題 本当の核心 安倍元首相はなぜ撃たれたか』秀和システム，2022 年

神保タミ子『脱会――今こそ知っておくべき統一教会の実像』キリスト新聞社，2023 年

齋藤 篤・竹迫 之共著，川島 堅二監修『わたしが「カルト」に？』日本キリスト教団出版局，2023 年

おわりに

　ある新聞記者が一人の現役メンバーに，「いま世界平和統一家庭連合が直面している問題についてどう思いますか」と質問しました。すると，「これから勝利する。必ず勝利する」という答えが返ってきました。文鮮明教祖，現在は韓鶴子総裁が，神のためにいろいろな摂理があると教えています。これらの摂理を勝利させるために，メンバーたちは信仰によって頑張っています。「これから勝利する！」　この言葉は統一協会のメンバーにどのような影響を与えているのでしょうか。

　彼らは現在よりも未来のことだけを考えています。今は問題，批判，反対があっても，理解されなくても，統一原理に従い，勝利に向かって頑張っていれば必ず霊界で勝利すると強く信じています。そのためにサタンからの誘惑には屈伏しません。サタンからの現在の誘惑とは何でしょうか。それは，元メンバー・弁護士・政治家・テレビ報道・新聞記者などからの批判です。批判を受ければ受けるほど，彼らの信仰は勝利のために強くなります。

　メンバーたちが話すとき，彼らが使う言葉に注意を払う必要があります。その言葉には，彼らの本当の考え方が隠されています。記者会見に出てくる幹部たちも同じです。その考え方はどこからきているのでしょうか。統一原理からです！　統一原理はすべてのメンバーたちの考え方と生き方を強烈な力で支配しています。

　原理の枠に従った自由から本当の意味で自由になるためには，非常に苦しい行程を経験しなければなりません。元メンバー（一世と二世）の証言を聞くときに，そのことがよくわかります。けれども，

この原理に従った自由の中で生きている現役メンバーにとっては，原理の枠の外で生きている元メンバーや被害を受けている家族の痛みや苦しみを理解するのはとても困難です。

「世界平和統一家庭連合（旧統一協会）」の幹部たちは記者会見で，「これから改革する」と言っていますが，「統一原理」については何も触れていません。本気で改革するのであれば，統一原理を改革しなければならないのです。この改革が行われないかぎり，原理の枠の外を理解することはまず不可能です。

この本を出版するためには，たくさんの方々の協力をいただきました。特に，長年この問題に取り組み，貴重な資料を提供してくださった方々，また，重要な証言を寄せてくださった多くの元統一協会のメンバーの方々に深く感謝いたします。

そしてお忙しいなか，「推薦のことば」を寄せてくださった郷路征記先生に御礼を申し上げます。出版，編集で協力してくださった「いのちのことば社出版部」の皆さまにも，感謝いたします。

2023 年 6 月

パスカル・ズィヴィー

パスカル・ズィヴィー

1957年，フランスに生まれる。1980年に来日。
筑波でバートンリレイス宣教師，稲垣守臣牧師と出会い，クリスチャンとなる。
カルト問題に直面し，カウンセリングに携わるようになり，
1994年，「マインド・コントロール研究所」を設立。現在，同研究所所長。
著書『"あわれみ"の心 イエスの道』，『「信仰」という名の虐待からの解放』
（共著）など。

世界平和統一家庭連合・旧統一協会は
何を教えているのか
──統一原理による支配──

2023年8月25日 発行

著　者　　パスカル・ズィヴィー

印刷製本　いのちのことば社印刷部

発　行　　いのちのことば社
〒164-0001 東京都中野区中野2-1-5
電話 03-5341-6922（編集）
　　 03-5341-6920（営業）
FAX 03-5341-6921
e-mail:support@wlpm.or.jp
http://www.wlpm.or.jp/